終結をめぐる21のヒントと事例

心理療法を終えるとき

丹治光浩 編著

北大路書房

まえがき

　私たち臨床家は心理療法において，クライエントの病態水準やその社会的背景だけでなく，セラピスト自身の自己理解やそこに生じるクライエント─セラピストの関係性にいたるまで実にさまざまなことを考える必要があります。そして，「終わりよければすべてよし」ということわざがあるように，最終的にはよりよいセラピーの終結（成功）が求められるともいえます。このように心理療法の有効性を考えるうえで終結のあり方はきわめて重要といえますが，この問題を正面から論じた本はこれまでほとんどありませんし，私たち臨床家が最も重視するところの事例検討においても，アセスメントや治療経過の検討に比べて，終結のしかたについて論じられることは比較的少ないのではないでしょうか。

　また，多くの臨床家がセラピーの中断やドロップアウトに悩まされていると思われます。筆者自身，心理臨床を生業とするようになって20年が優に過ぎましたが，未だに思うような終結を迎えることがむずかしいと感じています。もちろん，100の事例があれば100通りの終結があることはいうまでもありませんが，理想的な終結を迎えることはそんなにむずかしいものなのでしょうか。

　筆者の臨床スタイルは従来から「来るものは拒まず去るものは追わず」的傾向があります。大分前のことですが，あるケースカンファレンスにおいて，筆者は同僚の一人から「このクライエントの場合，必要以上に長くセラピーを続けていたかもしれないね」と言われたことがあります。もちろん，長期間にわたるセラピーが必要なクライエントは少なくありません。ただ，それまで筆者は「終結の必要な時期」について，あまり自覚せずにセラピーを行なっていたのです。それ以来，心理療法の終結のタイミングと方法は筆者にとって大きな課題になりました。そして，このことが今回本書を企画した契機の一つになっています。

　本書は大きく2部構成になっています。まず，第Ⅰ部では心理療法の終結に

まえがき

ついてさまざまな観点から論述されています。第1章では「終結とは何か」と題して終結の諸側面について筆者を含め5人の臨床家が論じています。第2章ではセラピストとクライエントのライフイベントなどさまざまな要因と終結の関連について述べられています。第3章では発達障害，不登校，学生相談，児童虐待といった対象領域別に終結の特徴とその問題が考察されています。そして第4章ではプレイセラピー，箱庭療法，精神分析，内観療法などさまざまな心理療法技法における終結について詳しく解説されています。

次に，第Ⅱ部では第Ⅰ部の論考を受けて具体的な事例をもとに終結のあり方が考察されています。したがって，第Ⅰ部と第Ⅱ部をあわせて読むことによってより終結への理解が進むと思われます。

このように本書の大きな特徴は理論より現場（事例）にこだわったことにあります。また，本書は決して終結のノウハウを提供するものではありません。臨床の現場から見出された生の知見を形にすることで，心理療法の本質に迫ろうとしているといってもよいかもしれません。いうまでもなく，事例は単なる「例」ではありません。事例に触れることによって一人ひとりの臨床家がセラピストとして目の前のクライエントとどう関わるかについて貴重な示唆を得られるのではないでしょうか。

なお，プライバシー保護のため事例はすべて仮名になっており，内容も個人を特定できないように主旨を損ねない範囲で改変が加えられています。また，本書への掲載にあたっては本人もしくは保護者の了解を得ております。

本書ではさまざまな角度から終結について考察するために，できるだけ多くの臨床家の方々に参加していただきました。そして，筆者を含め20名の執筆者はいずれも豊富な臨床経験をもち，心理臨床家として現在も第一線で活躍されている方ばかりです。本書が読者の方々の臨床をふり返るきっかけになれば編者としてたいへん嬉しく思います。

2005年7月　編者

◆目次◆

まえがき
第Ⅰ部　終結をめぐるさまざまな問題

第1章　終結とは何か ─────────────────────────── 2
　1節　円満終結と中断，もしくはドロップアウトについて　2
　　1．2つの終結…2　／　2．ドロップアウトは失敗か…3　／　3．失敗の効用…4　／
　　4．終結の兆し…4　／　5．筆者の体験…5　／　6．終結のしかた…5
　2節　理想的な終結　6
　　1．クライエントの立場…6　／　2．セラピストの立場…7　／　3．逆転移の問題…7　／
　　4．早期の終結…7　／　5．信じる力…8　／　6．理想的な最終面接…8　／　7．
　　終結後の作業…9　／　8．個人情報の保護…9
　3節　早い終結，遅い終結　10
　　1．終結とは…10　／　2．早い終結…11　／　3．遅い終結…12　／　4．中断と引き
　　延ばし…12　／　5．経済原理と終結…13　／　6．まとめ…14
　4節　終結の伝え方，伝わり方──「終わり」が明らかにするもの──　14
　　1．伝える前に…15　／　2．クライエントの敏感さ…16　／　3．伝えてから…16　／
　　4．終わりに──クライエントに負っていること…17
　5節　対象喪失としての洞察と終結　18
　　1．変化と喪失…18　／　2．クライエントの洞察…19　／　3．洞察に伴う喪失体験…
　　20　／　4．なぜ終結期をうまく取り扱えないのか…22

第2章　終結の形態 ────────────────────────── 24
　1節　終結と人生の門出　24
　　1．クライエントにとっての「終結」とは…24　／　2．終結と人生の門出…25　／　3．
　　人生の門出を迎える過程…26
　2節　クライエントからの終結希望をめぐって　28
　　1．中断ではなく終結という選択をする意味…28　／　2．クライエントからの終結希望
　　…29
　3節　セラピストの転勤と終結　33

1．セラピストの転勤を打ち明けるまで…33　／　2．転勤を打ち明けるとき…34　／　3．転勤を打ち明けてから…35

4節　終わりなき面接　37
　　1．愛着をめぐって…37　／　2．終わりなき関係・終わりなき自己の探求…37　／　3．死と再生…38　／　4．アルコール依存症とは…38　／　5．アルコール依存症からの回復…39

5節　終結の時期――主訴の消失か心理的成長か――　40
　　1．子どもの心理療法における「親子転移」…40　／　2．抵抗と「ぶり返し現象」…42　／　3．心理療法を終える目安とは…43

6節　セラピストの妊娠と終結　45
　　1．終結について思うこと…45　／　2．セラピストの妊娠による終結の留意点…46　／　3．妊娠を生かすには…48　／　4．おわりに…49

第3章　終結と対象　―――――――――――――――――――――51

1節　発達障害事例の終結　51
　　1．発達障害事例との出会い…51　／　2．発達障害事例の治療契約…52　／　3．発達障害事例の心理療法の内容…53　／　4．発達障害事例の「終結」…54

2節　不登校事例の終結　55
　　1．はじめに…55　／　2．不登校事例の終結の指標…56　／　3．急がされた主訴の解決…57　／　4．クライエントからみたセラピスト…58　／　5．終結とクライエントの再来…59

3節　学生相談における終結　60
　　1．学校内相談活動として規定される学生相談の終結…60　／　2．心理療法の目指すものと学生相談の時間的・空間的枠組み…61　／　3．学内面接における中断の残す可能性…62　／　4．心理療法における終結の重み…63　／　5．卒業によるあいまいな別れと終結…64

4節　被虐待児の心理療法――児童福祉の現場より――　65
　　1．はじめに…65　／　2．こころの発達に沿った心理療法…65

第4章　終結と技法　―――――――――――――――――――――70

1節　プレイセラピーの終結　70
　　1．プレイセラピーの特質…70　／　2．プレイセラピーの終結をめぐる課題…71　／　3．終結の課題を克服するために…74

2節　箱庭療法の終結　75
　　1．箱庭療法の有り様と技法について…75　／　2．箱庭療法の終結をめぐっての「終結箱庭」について…76　／　3．ほどよい表現といきなり表現――中断を避け，ほどよい

終結に向けて…78
3 節　精神分析的心理療法における終結──生き残ることと終結──　80
　　1．はじめに…80　／　2．精神分析的心理療法の帰結…80　／　3．終結の判断基準…81　／　4．終結の決定とその時期…82　／　5．生き残ることと終結…83
4 節　内観療法における終結　84
　　1．はじめに…84　／　2．内観とは何か…84　／　3．心理療法としての内観…85　／　4．内観と内観法と内観療法…86　／　5．終結と内観法…86　／　6．内観療法における終結…87
5 節　ブリーフセラピーの終結　89
　　1．ブリーフセラピーとは…89　／　2．ブリーフセラピーの終結…90　／　3．本当に終結は簡単か…90　／　4．5回で終結⁉…93
6 節　宗教カウンセリングの終結──キリスト教カウンセリングを例として──　94
　　1．キリスト教カウンセリングの理論の概略…94　／　2．キリスト教カウンセリングの特長──「最も小さき者」の下に立つカウンセリング…95　／　3．キリスト教カウンセリングの目標・終結の目安──「善く生きる」ことへの覚醒…96

第Ⅱ部　終結の事例

【事例1】「痩せれば私はよくなる」と訴え続けたうつ病の事例　100
　　1．事例…100　／　2．面接経過…101　／　3．考察…103
【事例2】娘を突然亡くして悲嘆にくれた母親の事例　104
　　1．事例…104　／　2．面接経過…105　／　3．考察…107
【事例3】ほどよい終結を迎えた心身症の事例　108
　　1．事例…108　／　2．面接経過…109　／　3．考察…112
【事例4】入院のため面接が終了となった統合失調症の事例　113
　　1．事例…114　／　2．前セラピストによる面接経過…115　／　3．筆者が担当となってからの面接経過…115　／　4．考察…117
【事例5】達成感を支えに生きてきた女性ピアニストの事例　118
　　1．事例…118　／　2．面接経過…119　／　3．考察…123
【事例6】スクールカウンセラーとして関わった不登校の事例──クライエントの卒業までにできること──　124
　　1．事例…125　／　2．面接経過…125　／　3．考察…128
【事例7】生活の中で治す工夫をしたいと終結を希望した解離性障害の事例　129
　　1．事例…129　／　2．面接経過…130　／　3．考察…133
【事例8】セラピストの転勤とクライエントの卒業が重なった摂食障害事例　134
　　1．事例…134　／　2．面接経過…135　／　3．考察…138

【事例9】 個人面接から夫婦相談，スーパービジョンに移行したアルコール依存症の事例　140
　　1．事例…140　／　2．面接経過と考察…141
【事例10】 チック症状をもつ女児の心理療法事例　143
　　1．事例…144　／　2．面接経過…145　／　3．考察…148
【事例11】 セラピストの妊娠がクライエントの退院準備を促進した長期入院の事例　149
　　1．事例…150　／　2．入院経過…151　／　3．考察…154
【事例12】 幼児期から青年期まで関わった自閉症の事例　155
　　1．事例…156　／　2．面接経過…156　／　3．考察…160
【事例13】 終結後に再来した不登校事例　160
　　1．事例…161　／　2．面接経過…162　／　3．考察…165
【事例14】 中断を挟み入学期と卒業期に学生相談室を利用していった事例　166
　　1．事例…166　／　2．面接経過…166　／　3．考察…168
【事例15】 児童養護施設における被虐待児との関わりの事例　170
　　1．事例…170　／　2．面接経過…171　／　3．考察…174
【事例16】 金銭に関わる問題行動の事例　175
　　1．事例…175　／　2．面接経過…176　／　3．考察…179
【事例17】 既婚女性の中年の危機，そこからの離脱の事例　180
　　1．事例…180　／　2．面接経過…181　／　3．考察…186
【事例18】 激しい破壊性と攻撃性を示した境界例の事例——生き残ることと終結——　187
　　1．事例…188　／　2．面接経過…189　／　3．考察…192
【事例19】 乳癌の手術をひかえた女性の事例——「生命の終結」に際して——　193
　　1．三項目と課題連想探索法…193　／　2．罪悪感と無常観…194　／　3．事例…194
　　4．内観面接の経過…195　／　5．考察…198
【事例20】 職場の人間関係を契機にうつ病になった事例と「ふつうの暮らしがしたい」と訴
　　える女子学生の事例　199
　　1．事例1…199　／　2．面接経過…199　／　3．事例2…201　／　4．面接経過…
　　201　／　5．考察…202
【事例21】 「自己覚醒」により引きこもりを脱した青年期男性の訪問面接事例　204
　　1．事例…204　／　2．面接経過…205　／　3．考察…207

第 I 部

終結をめぐるさまざまな問題

第1章 終結とは何か

1節
円満終結と中断，もしくはドロップアウトについて

1 ● 2つの終結

　かつて筆者は，実際にどのような形で心理療法の終結が迎えられているかについて，医療現場で働く臨床心理士を対象に調査したことがあります（丹治, 2003）。この調査において臨床心理士が受け持っていたクライエントの平均年齢は27.3±13.6歳，平均治療期間は17.0±19.7か月，平均面接回数は40.3±52.0回でした。そして，明確な終結理由が記されていた138名中，主訴の消失およびクライエントとセラピストの合意による円満終結を迎えた事例が88名（63.8％），転勤・転居などの理由によって治療途中でセラピストが交代した事例が29名（21.0％），ドロップアウトなど治療の中断をきたした事例が21名（15.2％）でした。

　このように終結のしかたはさまざまですが，人生における出会いと別れがある種の必然であるように，あるいは子どもが成長とともに親元を離れやがて自立していくように，クライエントとセラピストとの関係性においてもいつか別れがやってきます。

　しかし一方で，心理療法を人生のプロセスと重ね合わせて考えたとき，終結は非常にむずかしい問題になります。たとえば，河合（1992）が「終結という

のは関係が切れるのではなく、関係が深くなるのでそれほど会う必要がないと言ってもいいし、クライエントが治療者（セラピスト）像を自分の内部に持つようになるので、外界に存在する治療者（セラピスト）に会う必要がなくなるのだ」と述べているように、その関係性はある意味死ぬまで（場合によっては死後も）続いているともいえます。つまり、心理療法の成功においては物理的な別れ（外的終結）はあっても、精神的な別れ（内的終結）はないと考えることができます。

2 ●ドロップアウトは失敗か

では、ドロップアウトなどによって心理療法が中断した場合はどうでしょうか。少なくともセラピストの側では内的終結ができていないので、多くのセラピストは心理療法の失敗を念頭にケースカンファレンスやスーパーバイズをとおして自らの面接をふり返り、早急な解決を望みすぎていなかったか、稚拙で不適切な解釈をしなかったか、逆転移に惑わされていなかったかなどについて検討することになります。

ところで、岡野（2002）が「終結について話し合うことはないが、徐々にセラピーの間隔が空き、いつの間にか終結を迎える場合が意外に多い」と述べているように、ドロップアウトと円満終結の間には多くの中間的事例（セラピストとクライエントが終結についてしっかりと合意をしたわけではないが、症状が改善したり適応性が高まってしだいにセラピーから遠のいていった事例）があると筆者は考えています。

先日、ある境界性人格障害のクライエントが半年ぶりに筆者の勤務するクリニックを受診してきました。最後の面接時に彼女は「私はいつになったら治るのでしょうか」といった話をしていましたので、筆者はてっきり面接への動機づけが低下したものと思っていました。彼女が言うには「受診したかったのだけど、バレーボールの練習が忙しくて来院できなかった」とのことでした。さらに彼女は「生活もまあまあ安定しているので、面接の間隔をあけてほしい」とも言い、筆者は安堵したものです。

3 ●失敗の効用

とはいえ，明らかに心理療法の失敗によるドロップアウトと考えられる事例も少なくありません。星野（2002）が「失敗を冷静に振り返り，同じ失敗をしないように次の機会に活かすことができなければ，治療者（セラピスト）たる資格はない」としたうえで，インテーク面接のときの見立てを細かく修正しながら援助していく必要性について述べているように，臨床家は決して心理療法の失敗を恐れるのではなく，失敗に果敢に挑むこと，また，そこから学び取っていく姿勢が何より重要であると思われます。

また，東山（1998）は「われわれ人間は失敗から学ぶ。むろん，失敗が続いたり，取り返しのつかないような失敗をすると自信を喪失し，落ち込む。失敗から学ぶには支えがいる。ある程度の強さもいる。逆に成功したときはうれしいし，自信がつく。しかし成功が続くと慢心してしまうのも人間である」と述べていますが，多少極端な言い方をするなら，人は失敗からしか学べないのかもしれません。

4 ●終結の兆し

一般的に終結はクライエントが主訴に苦しまなくなったり社会適応が十分に高まったりした段階に終結を考えることになります。ただ，実際には主訴が解消されても別の本質的な問題が浮上することや，社会適応が高まってもクライエント―セラピスト間に依存関係が形成され，なかなか終結を迎えられない場合もありますし，セラピストが依って立つ治療技法（学派）によっても多少異なるかもしれません。

では，実際に終結のきざしはどのようなときに感じられるのでしょう。たとえばクライエントが子どもの場合，友だちとの遊びのほうが楽しくて面接に行くのを渋ったり，遊戯療法の中でこれまでに行なったすべての遊びを一通りくり返したり，あるいは特別な作業を終えて，作った作品などをセラピストにプレゼントするといったことがあります。成人の場合では仕事を理由に面接のキャンセルが増えたり，面接中に過去の苦しかった頃のことを懐かしくふり返ったりすることがあります。このような場合，セラピストはクライエントの現実

適応が高まったと判断し，面接の終了や今後の面接について話題にすることができます。もちろん，これらはクライエントとセラピストの相互関係の問題なので，どちらか一方だけが終結を望んでいてもうまく終結に結びつけることはできませんし，むしろ終結への道筋はクライエントの数だけあると言っても過言ではないでしょう。

5 ●筆者の体験

妙子（仮名，24歳）は電車やバスに乗ると急に脈が速くなり呼吸が苦しくなるという典型的なパニック障害の症状で，筆者の勤務するクリニックを受診しました。約3年間の心理療法と薬物療法によってパニック発作はほぼ消失しました。ある日，彼女は「最近は乗り物に乗っても不安にならなくなりました。というか，混んでいると一瞬不安になるけど，これってふつうの人の反応なんですよね」と言いました。筆者が「何がよかったのでしょうか」と問うと，彼女は「やっぱり人間関係ですかね。だって今は独りじゃないって感じがするから。考えてみると今までずっと孤独でした。小学生で転校したときも，大学で独り暮らしをしたときもいつも寂しかったんですよね。今も彼氏がいなくなると思うとちょっと怖いけど，これで結婚して子どもでもできたら完全に安心できそうな気がします」と答えました。彼女の言葉に面接の終結を直感した筆者は「では，あとは結婚して仕上げをするということで，そろそろ面接を終わりにしても大丈夫でしょうか」と言いました。すると彼女は「えー，それはダメですよ。そうですね，面接の間隔をあけてください」といい，結局2か月後に次の面接予約をし，実質的な終結は半年後となったのです。

6 ●終結のしかた

かつて筆者は，転勤を機に当時受け持っていた90人ほどのクライエントの行き先を考えなければならなくなったことがあります。幸いにも3か月以上の時間的余裕があったので，面接の中でクライエントと十分に話し合うことができました。不安といらだちから突然泣き出すクライエントや早々に他の医療機関への紹介を希望するクライエントなど，その反応はさまざまでしたが，意外にも転勤までの3か月間に約3分の1の事例を終結に結びつけることができたの

です。従来から筆者は比較的長期にわたって関わるクライエントが多く，ときに不必要に長く関わりをもつ傾向がありますが，常に治療目標を意識することと，先のエピソードを忘れないことでこれを克服できると考えています。

また，最終面接の際に「困ったことがあればまたおいでください」といった言葉で別れることが多いと思います。この言葉は，先に述べた内的関係は一生続くという考え方にも通じ，クライエントに安心感を与えるでしょうし，実際その後の生活の中では，予想外の困難が待ち受けているかもしれないからです。ただ，気をつけなければならないのはセラピストの逆転移です。クライエントが自立へ向けて積極的に歩みだそうとしているときに，セラピストのほうが別れ難くて「本当に大丈夫ですか」などとクライエントの不安を触発するような発言は慎まなければなりません。

もちろん，ことさら終結のしかたについて意識しなくても，自然に終結を迎えられることは少なくありません。しかし，あえて終結を意識することで，よりよい終結が可能になると筆者は信じています。

[丹治]

▶▶▶ 事例1　p. 100参照

●●2節●●
理想的な終結

1●クライエントの立場

心理療法の終結は，クライエントが面接に来る必要性を感じなくなったとき，もしくは，自分一人でやっていけると感じたときに訪れます。それが最も自然で理想的な終結でしょう。一方，理想的でない終結とはどのようなものでしょうか。それは，セラピストは継続の必要性を感じているのにクライエントが面接に来なくなってしまう場合（ドロップアウト），あるいは，クライエントは面接の継続を希望しているのに，セラピストから「もう来なくていい」と言われたときということになるでしょう。

しかし，心理療法の終結は，基本的にクライエントが決めるものです。セラピストは，そろそろ終結が近いと予測することはできても，それを直接クライエントに伝えることはほとんどありません。終結の時期やタイミング，権利を

握っているのは，あくまでクライエントの側になります。したがって，ドロップアウトは「セラピストにとって理想的でないだけ」とも考えられますし，クライエントが面接を必要とする限り終結するべきではないともいえるのです。

2 ● セラピストの立場

セラピストにとって理想的でない終結としてあげられるものには，セラピストの転勤や退職，常勤職から非常勤への変更，非常勤の場合日数や時間数の減少などの外的な事情による場合と，セラピストの病気や事故などの内的な事情による場合があります。また，同じ内的な事情でも，妊娠や出産といったセラピストにとってはめでたい内部事情による場合もあります。ときにはクライエントの迷惑行為（怒鳴る，ののしる，罵倒する，暴れる，器物を破損する）によってクライエントに他機関を紹介する場合がありますが，これらは，終結というよりは場所・セラピストを変えての継続ともいえます。さらに，稀な場合ですが，セラピストやクライエントの病死や事故死などの突然のアクシデントによって面接が終了する場合があります。

3 ● 逆転移の問題

理想的な終結を妨げるセラピスト側の要因としては，クライエントへの感情転移があります。セラピストのクライエントへの恋愛性転移や対象喪失の恐れなどが面接の適切な終結を妨げ，不必要に長く面接を続ける要因になることがあります。クライエントがセラピストに出会ったとき，すでに転移は始まっているとメラニークライン（Klein, M.）は考えたといわれています。陽性転移ならばよいスタートを切ることができるでしょうが，陰性転移ならばクライエントはセラピストとやっていく気がしないかもしれません。

もちろん，クライエントの感情転移が治療抵抗となり，終結を遅らせたり早めたりすることもありますが，逆転移の問題はセラピストとして常に気をつけなければならない重要な問題のひとつです。

4 ● 早期の終結

セラピストがクライエントの相談内容を聞いて，他機関へ紹介することがよ

りよい選択だと思えたときは，クライエントには次なる相談機関が提示されることになります。また，クライエントがセラピストと相性が合わない場合も早期に終了することがあります。相性が合わない場合は，セカンドオピニオンを念頭に，別のセラピストに相談してみるのもよいでしょう。クライエントの，クライエントによる，クライエントのための面接なのです。

　ただし，じっくり自分を見つめる作業が苦しくて，自己防衛のためにセラピストショッピングをするクライエントの場合は問題です。多くの場合，自分で認めたくない部分はこころの奥深くしまいこんでいますので，面接で本当の自己と対面することはとてもつらいことです。当然，自己肯定的になれば，自分自身を見つめることから逃げ出す必要もなくなります。その点で，心理療法は不完全な自分を受け入れ，許し，認めていくプロセスともいえるのです。

5 ●信じる力

　一人のセラピストとじっくり面接に取り組めることは，すでに，自己の回復と成長が始まっているともいえます。人が悩みを誰かに相談できるということは，人を信じればこそできることです。また，人を信じることができる人は，自分自身を信じることもできるものです。

　こう考えると，自分を好きになることこそが，理想的な終結にいたる秘訣かもしれません。自分を好きになることができたら相手のことも好きになることができます。クライエントが自分を好きになることができ，セラピストを信頼できるようになったとき，面接の終結を迎えることができると考えられます。

　また，クライエントの変化や成長は，セラピストがクライエントの能力を強く信じていたからに他なりません。セラピストの自己肯定的でゆるぎない自己信頼感が，クライエントの自己治癒力や自己実現能力を刺激し，クライエントがセラピストの自己肯定感や自己信頼感を模倣し取り入れたからと考えることができます。それは，乳児が母親や父親の表情や動作，言語を模倣して取り入れていく発達過程に似ています。

6 ●理想的な最終面接

　では，クライエントから終結を告げられるときの理想的なセッションのもち

方とはどのようなものでしょうか。

　冒頭でも述べましたように，筆者の考える理想的な終結セッションとは，クライエントに「もうそろそろ自分でやっていけると思います」と告げられ，セラピスト側でも，「やり残したことはない」と感じられることです。クライエントから当初の悩みがどのように変化したか，あるいは将来の希望について語られたとき，セラピストは大きな満足感を得ることができるでしょう。

7 ●終結後の作業

　あえてよくなった理由を追求しないセラピストもいますが，回復過程を実証的に理解できれば，セラピストはより多くのクライエントの問題解決にそれを役立てることができるでしょう。自助グループの考え方にも近いものがありますが，面接の終結後にはケースカンファレンスなどを通じて，面接の流れをふり返る作業をすることが非常に有益だと思われます。

8 ●個人情報の保護

　クライエントの中には，「私のような悩みでカウンセリングにきた人がいますか」と質問する人がいます。これには，自分を特別だと思いたい気持ちと，セラピストの実力を確認したい気持ちがあるのでしょう。また，同じような悩みの人が他にもいることがわかれば，寂しさや孤独感が癒されますし，励みにもなると考えるのかもしれません。

　だからといって，クリントン前米大統領が自らアダルトチャイルドであることを公表しているような場合を除き，個人が特定できるような第三者への伝え方は決してしてはなりません。そこで，情報を第三者に伝えるときには，本書のように仮名を使用したり，内容を一般化するなどの方法をとります。それは同時に，目の前のクライエントに対しても「自分のことが決して他者に漏らされることはない」というセラピストへの信頼感や安心感を育むことにもつながるのです。

[三和]

▶▶▶ 事例2　p. 104参照

3節
早い終結，遅い終結

　セラピストとクライエントが出会いセラピーが始まると，いつの日か必ずそれは終わりを迎えることになります。セラピーが進んでいくと，自ずとその終結の時期がわかってくることもありますが，巣立ちと同様に迷いや不安が伴うことも少なくありません。ここでは，早い終結と遅い終結という観点から終結の意味を考えてみたいと思います。

1 ●終結とは

　フロイト（Freud, 1937）は，精神分析の終結のためにおおよそ満たされなければならない条件として「その第一は，患者がもはや症状に苦しまなくなり，また不安や制止症状を克服したという時，第二は，問題となっている病的現象が今後繰り返して起こる可能性をもはや恐れる必要がなくなる程度にまで，抑圧されていたものが患者に意識化され，理解しえなかったものが解明され，内的抵抗が除去されたと分析医が判断した時である」と述べています。これは精神分析治療の終結に関して述べたものですが，サイコセラピー全般の基準になるものと考えられます。

　河合（1970）は，気持ちのいい終結として「①まず自己実現の観点からみて，クライエントの人格に望ましい変化が生じた。②クライエントの訴えていた症状や悩みなどの外的な問題について解決された，③内的な人格変化と外的な問題解決の間の関連性がよく了解される。④以上の3点について，カウンセラーとクライエントが話し合って了解し合い，カウンセリングによってなした仕事の意味の確認ができる」と述べています。

　また河合（1992）は，「終結というのは関係が切れるのではなく，関係が「深く」なるので，それほど会う必要がなくなるのだと言ってもいいし，あるいは，クライエントが「治療者」像を自分の内部にもつようになるので，外界に存在する治療者に会う必要がなくなるのだ，という言い方をしてもいいであろう」と述べています。

　セラピーの初めに何を治療目標にしたのか，何らかの精神的な病を抱えてい

るのかということによっても，終わり方は多少異なると思います。しかし，向かう方向性としては先にあげた先達の示すところでしょう。

2 ●早い終結

　早すぎる終結とはどのようなものでしょう。たとえば，過剰適応の人がセラピストとの関係においても「いいクライエント」を演じているような場合，セラピストがそのことを取り上げなければクライエントはここでも疲れ果てて中断ということになるでしょう。しかし，表面的には終結という形をとっていて乱暴な印象が薄いだけに，セラピストがそのことに気づかないという悲劇も起こり得ます（「隠れ中断」）。この場合，セラピストはクライエントの過剰適応に気づかなかったことと中断に関する穏やかな装いに気づかなかったという二重の失敗をしてしまったことになります。治療場面で何が起きているかということを扱い損ねた結果の終結は早すぎると言わざるを得ません。このような終結は防がなければならないものです。

　早い終結はこれとは異なるものです。たとえば，転勤や何らかのアクシデントを契機に不安症状などが出現した場合には，その不安軽減と再適応が果たされれば終結になるというようなことです。もしかすると，その人は本来何らかのこころの弱さをもっていたのかもしれませんが，そこまで踏み込まないということです。もともと，その人なりに平和に生きてこられたのですから，そこに戻るまでのお手伝いをするのです。つまり，症状がとりあえず緩和すれば終結となります。これはフロイトの定義には厳密には当てはまりませんが，「心理療法」とか「カウンセリング」という名称で多くのクライエントがセラピーを求めてくるようになった現代では，このような終結もひとつの形であると思います。この場合，河合の示した③に関しては未だ実現しきれていないかもしれません。その結果，元気になって去って行ったクライエントが，また数年後にやって来るかもしれません。それはそれでよいという考え方もあるでしょう。一気に最後まで（これの意味するところがまた厳密にはむずかしいのですが）仕事をするのではなく，何段階かに分けて進めるというセラピーのあり方もあっていいように思います（ある程度の問題を抱えたまま何とか生き延びていくというのが，人間の姿でしょうから）。

早い終結とは，セラピーの中で取り扱っていく問題がいくつかある場合に，そのいくつかをクリアした段階でいったん区切りをつけること，ともいえるでしょう。

3 ●遅い終結

じっくりと自分の考え方や行動の癖について考え気づくという作業を進める過程で，取り組むべき課題が次つぎに現われてなかなか終結が迎えられないということが起きます。しかし，不必要な引き延ばしでなければ，いずれは終結を迎えることになります。この終結は，むしろフロイトのいう終結に近いものかもしれません。しかし，現代の社会情勢を考えると，ここまで徹底したセラピーを続けることができる人は少ないでしょう。

あるいは，ふつうに終結のときを迎えたものの，終結の不安やもう少し今の状況にとどまりたいという思いが強い場合，その気持ちをきちんと扱わなければなりません。冬の朝，あと5分，あと5分と暖かい布団の中に身を置く心境と似ているかもしれません。しかし，クライエント自身，必ず起きなければならないときが来ることも知っています。この場合は，遅すぎる終結にならないようバランス感覚をもちながらも，あと一歩で得られる満足感を損なうことを避けつつ慎重にクライエントに寄り添う必要があると思います。

遅い終結とは，人生の中でセラピーと関わることが最後になる可能性が高いものといえるでしょう。文字通りの終結を意味していると考えられます。ここには，早い終結時以上のゆとりをもった対応が望まれます。セラピーの過程そのものだけではなく，それらをすべて支えてきたセラピストのクライエントへの信頼によってこの終結を無事に果たしていけるのです。

4 ●中断と引き延ばし

早すぎる終結の例としてあげた「隠れ中断」とは別に，ドロップアウトしてしまうわかりやすい中断もあります。中断もセラピストとクライエントがもう会わなくなるという意味では，終結の一つには違いありません。クライエントがセラピーに来なくなるとき，セラピストは何らかの手を打つものの，強要はできません。クライエントが再び現われたときセラピストは温かく迎えること

になりますが，二度と会えなかったとしても必ずしも悲観したものではありません。筆者自身の経験でも，青年期のクライエントが親離れをするときのようにセラピストを捨てていくかたちで巣立っていったことがあります。「エイ，ヤー」とセラピストを捨てて飛び立たなければ，セラピストとの安心した温もりのある関係性に引き戻されてしまうかもしれないと，どこかで感じ取っての自立だったように思われます。

　逆に，終結の引き延ばしということもあります。本来ならばすでに終結してもよい時期を迎えつつも，不安が高まり先延ばしの口実をもってくることもあります。あるいは，何となく惰性で続いてはいるが，よく検討してみるとセラピーはすでに山を越えてしまっているということがあります。クライエントとセラピストとの間に安心した信頼関係がつくられていることは確かですが，目標を見失っている可能性があります。

5 ●経済原理と終結

　まず，筆者が保険適用のカウンセリングを提供しているクリニックに勤務していたときの終結状況をふり返ってみます。保険適用ということもあり，ウエイティングリストにはいつもたくさんのクライエントの名前が並んでいました。このような状況下では，すべてのクライエントに対して遅い終結を目標として提案するわけにはいきません。早い終結を目標として，早い終結を迎えていく事例も多くありました。クライエント自身も必ずしも遅い終結を望むわけでもありません。ドクターにすすめられて申し込んでみたというクライエントも多いからです。そのような状況を踏まえつつ，それでも出会ったクライエントとの関係性を大切にして，何がしか意味ある仕事をしてもらえるよう関わってきました。しかし，一方で来院経過にかかわらず，料金の負担が軽いことからじっくりと問題解決に取り組めるクライエントもいます。もちろん，中には残念ながら中断となってしまう事例もあります。逆に，この場合はお金の負担が少ないことから引き延ばしの状況に入りやすいという特徴もあり，注意が必要です。このようにして，全体的にはなんとかバランスをとって，クライエントとじっくりセラピーを進めながら新しいクライエントとも出会ってこれたように思います。

自費のカウンセリングルームでは，経済原理の作用は大きいと思います。切羽詰まった状況をなんとか切り抜けられると，とりあえず「一人でやってみます」ということになるのです。時間とお金をかけるという現実的な負担感が意識されやすいことから，早い終結が多くなる印象があります。ただし，現在でも，正統派の精神分析では状況が異なるようです。

6 ● まとめ

早い終結にも遅い終結にもそれぞれの意味があります。優劣をつけることではありません。クライエントとセラピストと，そして2人を取り巻く環境のもっている現実・限界のなかで柔軟に選んでよいと思います。

ただ，セラピストはもちろん，クライエントも今迎える終結の意味を知っておくことは大切です。いくつかの小さな終結を積み重ねて，ある日，先達の示したような終結のときを迎える事例もたくさんあります。　　　　　　　　［寺沢］

▶▶▶ 事例3　p.108参照

4節
終結の伝え方，伝わり方──「終わり」が明らかにするもの──

心理療法が終結を迎える，あるいは中断という形で区切られるには，いろいろな理由や要因があります。開始時に確認したり，途中明らかになった目標の主なものが達成され，主訴が解消し，あるいは主訴によって生活がふり回されなくなり，クライエントが新しい生活に向かう理想的な終結から，経済的・時間的理由により終結する場合，ドロップアウト，状態が悪化し，より積極的で深い関わりが必要になる場合など，クライエント側の事情によるもの，セラピスト側の事情によるもの，双方の事情によるものなどさまざまです。中でも，セラピスト側の事情によるものとしては，退職や勤務形態の変化，結婚や妊娠などが，比較的よくあるのではないでしょうか。その場合，セラピスト側が先に区切りの時点を知っているわけですから，そのことをどうクライエントに伝え，どう扱っていくのか，ということが問題となります。

また，クライエント側の事情によるものであっても，状態の悪化から，より積極的で深い関わりのできる機関に紹介する場合も，同じようにセラピスト側

が考える区切りの時点をクライエントに提示する必要があるため，上記のことが問題となってくるでしょう。

そこでここでは，終結をどのように伝え，どのように扱うのかをめぐるさまざまな事柄について考えてみたいと思います。

1 ● 伝える前に

区切りをつけなくてはならない，終結しなくてはならないということが決まると，その後をどうするのかについて考える必要が出てきます。もちろん，このことはセラピスト側だけで決定できるものではありません。最終的にはクライエントと話し合い，クライエントに選んでいただくわけですが，その前に将来の展望をしっかりと認識しておく必要があります。具体的には，以下のようなことが考えられます。

（1）終了

これを機会に面接そのものを終結する場合です。門出，卒業という意味合いになりますので，これまでなしてきたこと，なし得なかったことについて，クライエントに伝え，話し合うことが大切です。そのため，面接の過程をよくふり返っておく必要があります。

（2）引き継ぎ／別の機関への紹介

目標は達成されていない，あるいは未解決なことが多く，最終的にはクライエントが選ぶにしても，心理面接を継続したほうがよいと判断される場合です。過程をふり返る必要があることは終結の場合と同じです。その他に，まず担当者の選定があります。心理職は一人であることも多く，後任との引き継ぎ期間がない場合もありますが，可能であれば，選択肢をクライエントに提示できるように検討しておきます。

また，経過や問題点，クライエントはどんな人であるかを大まかに文書にしておくと，引き継ぎを円滑にすると思われます。別の機関を紹介する場合もしっかりとクライエントに対して説明し，無用な不安を取り除くために，提供している内容や状況をできるだけ調べます。

2 ●クライエントの敏感さ

　次に，伝えるまでの期間について述べたいと思います。終結が決まってから伝えるまでは，通常クライエントはそれを知らないはずです。しかし，筆者は，以前退職する際に，他から情報が入りようがない状況で，「実は，話があるんだけど」と切り出しただけで，「ああ，辞めるんだね」「帰るんだね」と，何人かのクライエントに言われたことがあります。多くが病態の重いクライエントでした。

　これには筆者（セラピスト）側の動揺，不安，あるいはせいせいした，というような気持ちが言外に表現された（されてしまった）という要素もありますし，筆者の未熟さもあったかもしれません。

　また，病態の重いクライエントにとっては，目の前の人がいついなくなってしまっても不思議ではないという感覚が非常に切実なものであり，いつでも起こり得る事態であったからこそ，そのように表現されたのであって，それが今回はたまたま現実となってしまった，という要素もあるでしょう。

　しかし，どんなに状況を統制したとしても，また，どんなに予期不安を割り引いて考えたとしても，クライエントが「終わり」「変化」を敏感に感じ取る力が非常に大きいことは無視できません。その部分は，セラピスト側が追いつこうとしてもどうしても追いつけないことです。

　だとすれば，状況の中で許される限り早く，適切な時期に，率直に誠実に，事実を伝えることが唯一できることになります。別れに伴なう作業を億劫がって，先延ばしにすることは厳に慎まなければなりません。

　もちろん適切な時期でないのに，自分の中で抱えていられず，自分の感情を優先して早々と伝えてしまうということは絶対にしてはならないことです。セラピスト側の揺れを，十分認識しておくことは不可欠です。

3 ●伝えてから

(1) 期間

　やむを得ない場合を除いて，別れの作業には一定の期間をとる必要があります。驚きや動揺，怒りという反応があって，今までをふり返り，その後に事実

を受け入れて収束していくプロセスが必要ですから，少なくとも終結までに残り3〜4回は必要かと思われます（週1回の面接なら，1か月前，2週に1回の面接なら，2か月前が目安になるでしょうか）。

（2）作業

まず終結を，どのように理解し，受け止めたのか，どんな感情が浮かんできたのかについて話し合う必要があります。もちろん，1回話して終わりということではなく，くり返し話題にすることで，いろいろと出てくる場合もあるでしょう。前述のように，驚きや動揺，怒り，見捨てられたのではないかという思いが出てくるのは自然なことなので，その思いを汲む必要がありますし，出てこない場合はなぜ出てこないのかを心にとめておきます。

次に，ふり返りの作業があります。どの時期にどんなエピソードがあったかについて思いをめぐらしながら話し合うと，それらの出来事がしだいにまとまって，面接のプロセスが浮かび上がってきます。

これらは順番通りに起こるものではなく，非常に個人的な軌跡を描きますが，最終的には，一通り終っていることが大切です。もしそうでないときには，その理由を考えておくことが必要です。理想的にいくことは少ないものですが，できるだけ面接のプロセスにもれがないように心がけておくことが重要です。

（3）思いを残しすぎないこと

セラピストが過剰に反応することは避けなければなりませんが，クライエントの別れへのつらさが伝わってきて，セラピストもなごり惜しさを覚えているようなときは，そのことを伝えたうえで「さよなら」を言うことがあってもよいでしょう。かえってそのことで，思いを残しすぎないですむこともあると思われます。

4 ●終わりに——クライエントに負っていること

面接で取り組まれた心的作業が大きければ大きいほど，セラピストとの別れや新しい生活への変化は大きいものですし，何らかの動揺や不安，つらさを伴なうのは自然なことでしょう。別れを受け入れるまでのプロセスには，怒り，否認，症状のぶり返しといったことも，当然，反応として起こってきます。それらが本来的な問題によるものなのか，別れへの反応として起きているものな

のかをしっかり見極める必要があります。そのためにも自分自身の動揺や感情に気づいておくことや、それらが起きていることに影響していないかどうかを確かめることも大切です。

一方でクライエントの成長に驚かされることも多いのが、この作業の特徴ではないでしょうか。確実な未来がないように、どんな面接であっても、「確実な次回」はありません。本来であれば毎回が終結と同じ意味をもった作業であるべきで、終わりがはっきりすることによって動きや変化が起こることも多いように思います。

たしかに、セラピスト側が終結のために工夫できること、確認や気づきが必要なことは厳然としてあります。それらのことは終結のみならず、面接の流れの中で重要なものと本質的に共通するものです。

しかし、どんなに気づきを深めたとしても、それでもなおクライエントに負っていることがなくなることはないと思われます。クライエントはその人らしさが反映した形で別れのプロセスをたどります。その敏感さや真摯な態度を前にしては、セラピストはひたすらこうべを垂れるしかないのです。

ただ、敏感さや真剣さがクライエントのつらさとも結びつくことを考えると、負ったところの大きさを認識しつつ、自らの狭さや鈍さや限界をしっかりと見つめ、少しでも自己を磨き、できる限りのことをするということが臨床家としての責務だと思われます。

[西川]

▶▶▶ 事例4　p. 113参照

5節
対象喪失としての洞察と終結

1 ●変化と喪失

対象喪失とは、愛着・依存の対象を失う体験のことです。それは、近親者の死や移住のように特定の人物や環境が実際に失われる外的対象喪失と、内的な対象表象、たとえば理想化された父母像がその人の心の中でだけ失われる内的対象喪失があります（小此木, 1979）。

人は生涯をとおして心理的にも身体的にも環境的にも常に変化し、新しい心

理的機能や自己イメージや社会的環境を獲得します。その一方で，それ以前の機能やイメージ，慣れ親しんだ環境や人間関係を失っていきます。人が発達を遂げ，変化していく過程を考えるとき，獲得・達成がクローズアップされがちですが，その背景には喪失があることを忘れてはならないでしょう。

　心理療法が，悩み苦しむ人々の心の中に望ましい変化をもたらすことを目指しているのはいうまでもありません。では，心理療法における変化の背後にある喪失はどのように捉えられるでしょうか。本節では，心理療法，中でも力動的心理療法における洞察に焦点を当て，洞察に伴う喪失について考えてみたいと思います。そして，洞察に伴う喪失の取り扱いの失敗という観点から，中断や早すぎる終結の問題について触れます。

2 ●クライエントの洞察

　洞察とは，それまで十分に自覚していなかった自らの行動・感情・思考の特徴について新しい理解を得ることです。たとえば，ある若い母親が「母親というものは子どものすべてを受け入れて常に優しくしなければならない」という考えにとらわれるあまり，2歳のわが子の絶え間ない要求,「ダッコシテ！」「クッキー，チョウダイ！」にすべて応えようとしてへとへとになっていたとしましょう。この母親はセラピストとの対話を重ねて次のような洞察に到達しました。「『子どものすべてを受け入れて常に優しく』という考えはどうも極端だった。極端な思い込みのために2歳の幼児に必要なしつけができずに混乱していた。子どもに限らず，誰かにねだられたり，要求されたりするとすぐに応えようとしてしまうのが私の癖のようだ。どうしてかといえば……すぐに応じないと何か悪いことが起きるような気分になるから……このパターンはずっと昔からだ……父は『早く飯の支度をしろ！』『俺が新聞を読んでいる間は静かにしろ！』と要求の多い人だった。父の言うことにすぐに従わないと父は激怒して物を投げた。そのことで，母はいつも苦労していた。私は母のためにも父を怒らせないようにと，いつもびくびくして父の言うことを聞いていた。そうすれば，すべて丸くおさまるから……なるほど，子ども時代に身につけた癖が今になっても抜けていないから2歳の子どもの言いなりになっていたのかもしれない」。これを聞いたセラピストは「よくご自分のパターンの背後にある問

題に気づきましたね。すばらしい！」と，クライエントが到達した洞察を大いに評価しました。

 ではこうした洞察を得た後，この母親はすぐさま望ましい方向に変化し，子どものしつけを実行できるようになるでしょうか。

 この母親は，たしかに洞察を得たことで，以前よりも余裕をもって子どもに接することができ，「今は抱っこできない」「クッキーは3つまでね」と制限を与えられるようになりました。けれどもしばらくすると，つい子どもの要求に負けて抱っこし，クッキーを与え続けて疲れてしまうという以前の対応に戻ってしまいました。そこでセラピストは「また，以前のあなたのパターンをくり返していますね。子どもさんの要求とかつてのお父さんの要求とがあなたの心の中でごちゃごちゃになっていて，すぐに相手の要求を満たさないと大変なことになると考えてしまうのではないでしょうか？」と指摘しました。するとクライエントはおずおずと，「はい，先生のおっしゃることはよくわかります。でも，子どもにぐずって泣かれると弱くて……なかなか変われない……以前の自分が捨てられないのです」と言うのでした。

3 ●洞察に伴う喪失体験

 ここでセラピストが見逃しているのは，洞察に伴うクライエントの喪失体験です。この母親は，相手の要求に即座に応じることでこれまでの人生を乗り越えてきました。このパターンは，他の場面ではより適応的で，このクライエントの支えになっていたかもしれません。たとえば，職場では接客業を担当し，顧客に対して迅速に的確なサービスを提供するという点で，上司から高い評価を得ているのかもしれません。あるいは，夫婦関係において夫からは，ありがたい世話女房としていつも感謝されているのかもしれません。つまり，過去のある状況でしかたなく身につけた思考パターンや行動パターンは，ある場面では不適応的なニュアンスが強いものであっても，その人がその後の人生を歩むうえでの支えとなってきているのです。不適応的なパターンや防衛の由来を洞察したからといって人がすぐに変われないのは，そのパターンに支えとしての機能が備わっており，愛着を感じるからです。どんなパターンも防衛も，愛着を感じ，長年慣れ親しんできたものである限り，それを捨て去ることは苦痛と

なります。

　「今までこころのよりどころとしてきたものには絶対的な価値はなかった」「自分が重要と信じていたものは偶像にすぎなかった」ということを洞察することは，すなわち内的対象喪失です。洞察に伴って内的対象喪失が起こると，クライエントは「自分の問題に気づいてよかった，以前より楽になった，自由になった」と感じるより前に「これまでの自分の生き方が否定された」と感じ，落胆します。思慮深い先達はこうした現象に注目し，洞察後に出現する抑うつ感や疲労感に細心の注意を払うよう忠告しています（神田橋，1992）。

　さて，早すぎる終結や中断の一部は，洞察に基づく内的対象喪失にクライエントが直面し，苦痛が沸き起こっていることをセラピストが見逃しているときに起こると考えられます。筆者の経験をふり返ってみると，セラピストが洞察に伴う痛みをよく理解していなかったがために，中断や早すぎる終結を招いた苦い経験が少なくありません。まさに重要な洞察が得られたと面接の展開を喜んだ矢先に，クライエントから「この面接がなくても，もう一人で大丈夫だと思います。いつまでも先生に頼るわけにはいかないので」と告げられたり，「いずれこの面接をやめなければならないのだから，相談に来る間隔をあけたい」と言われたり，あるいは何の連絡もなく中断となったり，といった経験がいくつか思い浮かびます。当時の筆者は，クライエントが体験している喪失の痛みに思い及ばず，クライエントの申し出に何かしっくりしないものを感じながらも，クライエントの表面的な変化にとらわれて，文字通りに終結や面接頻度について話し合いました。今にして思えば，クライエントの申し出は，「気づいたけれども，かえって苦しくなったのです。どうしたらいいのでしょう？」というメッセージだったのでした。それに対して，次のように応じられていたら，多少ともクライエントの喪失感に寄り添い，新しいパターンの獲得を支えられたかもしれません。「ここで話し合ううちに，だんだんと心の器が大きくなって，こころの視野が広がって，今まで見えなかったものが見えてきたり，気がつかなかったことに気がついたりするとかえって苦しくなることもあるかもしれませんね。今，あなたが感じている苦しさは，成長期の子どもの成長痛のようなもの。変化していく過程で必ず味わう痛みです。今までの自分とは違う自分になる痛み，今はつらいけど，この時期が過ぎたらきっとこころ

にゆとりが出てきて楽になりますよ」と。

4 ●なぜ終結期をうまく取り扱えないのか

ところで，力動的心理療法のテキストを開くと，終結期の項には，「クライエントとセラピストの相互の合意によって，終結の日を取り決める。終結までの期間は，最低でも1か月，長期間継続された面接ならば3か月が目安である。終結期の課題は，これまで達成された洞察についてふり返り，現実生活への適応を強化することである」と書いてあります。しかし，このような理想的な余裕のある終結を迎えられる例は，実際には少数ではないかというのが筆者の印象です。終結に向けてじっくりと話し合い，洞察にまつわる喪失までも丁寧に話題にするのは，非常にむずかしい課題です。では，なぜ終結期をうまく取り扱えないのか，その理由を考えてみます。

ひとつは，洞察に伴う喪失体験，そしてクライエントとの別れを話題にすると，セラピストも自らの喪失体験や分離体験を思い出し，苦痛感情を味わうことになるからです。クライエントと同様にセラピストも，苦痛感情に触れることにさまざまな抵抗を起こすのは，臨床上の現実です（Strean, 1993）。先の例で，クライエントから「終結したい」「面接頻度を減らしたい」という申し出がなされたとき，筆者が安易に応じてしまったのは，セラピストの中に喪失感に向き合うのを回避する力動がはたらいていたためでした。

もうひとつは，心理療法家という職業を選択する人は，元来，人生における獲得を重要視する傾向があることが指摘できます。心理療法家になる人は自由意志でこの職業を選択し，理論や技法の習得に熱心です。向上心が強く，学会，研究会，研修会に費やすエネルギーは相当なものがあります。特に青年期の初心セラピストは自らのアイデンティティ獲得に必死になっています。このようにセラピストが獲得ばかりに目を奪われていると，面接経過中に生じる喪失を見逃してしまうことが起こります。突然の中断は，駆け出しのセラピストが「この調子でどんどん洞察を深めてよくなってもらおう」と欲を出し，強引に解釈を推し進めた結果，生じることが多いように思われます。セラピストには，多かれ少なかれ獲得のとりこになってしまう傾向があることをよく自覚しておきたいものです。

思えば，人の生涯発達過程は重要な対象をめぐる獲得と喪失とが織り成す綾であるといえます。人生の出発点は，母親との一体感にあります。やがて思春期・青年期を迎え，親という対象との一体感を断念しますが，その一方で，人生の伴侶を探し求め，今度は伴侶を対象とした一体感への期待に胸を躍らせます。ところがほどなくして，夫婦であってもこころの距離は確実に存在することを思い知らされるときがやってきます。その悲しみをかみしめ始めたところで，今度は血を分けた赤ん坊を得て，赤ん坊との一体感を味わいます。時はめぐり，やがて赤ん坊は青年になり，親は子どもとの一体感を喪失します。そして最終的には，伴侶との別れを迎え，人は孤独であることを受け入れることになります。

　こう見てみると人生は求めては失うことのくり返し，悲しいプロセスであるといえるかもしれません。人生に不可避な喪失の痛み，悲しみをセラピストはこころのどこかで常に感じ続けられなければならないでしょう。　　　　［遠藤］

▶▶▶ 事例5　p.118参照

第2章 終結の形態

…1節…
終結と人生の門出

　心理療法の多くは，クライエントのライフステージやライフイベントに関連して生じた心理的な危機に端を発して始まり，そしてその終結も，次のライフステージに漕ぎ着けることや，ライフイベントをうまく乗り越えることが伏線となっている場合が多いと思われます。クライエント自身が描く人生の物語[★1]の中では，心理療法を受けてそれを終えたという体験は，どう描かれているのでしょうか。そのことに着目してみると，セラピストとクライエントは，クライエントの人生の門出を脚色する作業を一緒に行なっているように思えます。

1●クライエントにとっての「終結」とは

　セラピストが「終結」といっている事象を，クライエントは何と表現しているのでしょうか。セラピストが日誌に「今日Aさんの事例が終結した」と書いた日に，クライエントが日記に「今日私の事例が終結した」と書いたとは，とても思えません。クライエントは，この日人生の中でめったにない体験をしていますし，いつもと違ったことを考え，特別な感情をもったに違いありません。これは非常に興味深いことですが，セラピストが書く事例の記録の中に，これを記述することは実際にはかなり困難だと思われます。

　このクライエントの面接は今日が最後になるだろう，そう思ったときの面接

では，クライエントがどんな言葉で何を表現しようとしているのか，ことさらに注意深く記憶にとどめようと，セラピストも努力すると思われます。

　しかしながら「今日で終わることになりますが，どんなことを感じていらっしゃいますか」と尋ねてみるのは，ときに侵入的・介入的であり，安易にできることではありません。心理療法を終えることについて，相当な時間をかけてセラピストとクライエントが会話することが，面接に大きな展開をもたらすこともあります。是非はともあれ，面接の中でその終結を話題にする以上は，セラピストも大きな覚悟が必要だと考えたほうがよいでしょう。

　最後の面接を終え相談室を出て帰路についたクライエントが何を感じ，何を考えたかについて調査するのは困難です。しかし，心理療法の終結について語るときには，少なくとも終結直後のクライエントの心理にも，いささかの関心を向ける必要があるように思われます。

　もちろん想像でしかありませんが，クライエントは「もうここに来ることはない。来週からは新しい仕事のことを考えよう」「ここに来るのに費やしていたお金を，これからは結婚資金として貯めることにしよう」「これからは何かに悩んだら，優しい彼氏に話すことにしよう」「今度心理療法を受けるときには，違うタイプのセラピストを選んでみたい」「ここに来たことも，ここで話したことも，封印しよう。もう，思い出さないぞ」などとつぶやきながら，帰路についていたかもしれません。

2 ●終結と人生の門出

　多くの心理的な危機が，ライフステージやライフイベントに関連して生じているとすれば，多くの心理療法の終結もまた，クライエントのライフステージやライフイベントが伏線にあると考えられます。

　子育てをしている母親の事例ならば，子どもの入園や入学がきっかけで生活様式が大きく変化します。これがクライエントのストレスをうまくコントロールする契機となって症状を好転させることもあれば，そもそも生活様式の変化に漕ぎ着けること自体がクライエントの目標になっていたりもします。

　学齢期の子どもの事例では，卒業，進級，進学が契機となって学校や家庭のストレス要因が変化し，快適な生活様式に結びつく場合もあれば，卒業，進級，

進学自体がクライエントの目標であることもよくあります。そもそもスクールカウンセリングでは，卒業することでセラピストとクライエントの関係が終了することが前提になっている場合が一般的です。

青年期や成人の事例では，就職や転職，別居や同居，結婚や離婚，転居などが心理療法の終結の伏線にあることがよくあります。また，心理療法を受けることによって，クライエント自身が生活様式を変化させることを選び取る展開になることもよくあります。もちろん，就職，独立，結婚などが目標となることもありますし，生活様式の変化から，心理療法を受け続けることができなくなったり，クライエントがセラピストを必要と思わなくなったり，心理療法を受けるに際して抱えていた問題が消えてしまうこともあるでしょう。

心理療法の終結とクライエントの人生の門出との関係を整理してみると，次の3つの場合があると考えられます。

①心理療法を受けることによって，クライエントが人生の新しい門出を選択したり，生活様式の変化がクライエントのストレスをコントロールする契機となって症状を好転させたり，主訴が消失する場合。
②最初からクライエントが，就職，独立，結婚などに漕ぎ着くことを目標として心理療法を受けており，それらの目標に到達した場合。
③就職や転職により心理療法を受ける時間の確保が困難になったり，転居により通い続けることが困難になったり，スクールカウンセリングにおける卒業など，クライエントが人生の門出を迎えることになった結果，心理療法を受け続けることが困難になった場合。

もちろん，それらの中には終結と呼ぶのが適切でない場合もあり，その場合は別の機関への引継ぎが必要になります。

3 ●人生の門出を迎える過程

ライフステージやライフイベントに関連して心理的な危機が生じて心理療法が始まり，人生の門出を伏線として終結を迎える事例の流れを4期に分けて整理してみたいと思います。

第1期では，ライフステージの推移やライフイベントを契機にクライエントは心理的な危機を迎えます。この段階では，クライエントやその家族は，「治

ること」「元に戻ること」にこだわることが多いと思われます。そして、それがかなわないことで混乱と自信の喪失を体験し、心理療法への来談動機に繋がります。

第2期では、「治ること」「元に戻ること」へのこだわりから、くり返し体験していることの別の意味を見出します。実際に「できていること」や「期待できそうなこと」、あるいは結果的に「変化していること」などを発見する段階です。そして、これらのことを肯定的に受け止められるような枠組みづくりが必要となります。

第3期は、「治ること」「元に戻ること」とは別の意味での「変化していくこと」を肯定的に受け止め、クライエント自らがこの変化を主体的に促進していく段階です。つまり自分自身で成長していこうとクライエントが意識的に挑戦を試みるのです。

第4期は、「変化していくこと」の目標として、次のライフステージへの移行やライフイベントを選び取る段階です。クライエントは人生の門出を迎えようとしており、セラピストとクライエントは、クライエントの人生の門出を脚色する共同作業をしているように思えます。この期間のセラピストの役割は、クライエントの門出のイメージを大切にし、クライエントが主体的に「変化していくこと」を支持し、目標とする次のライフステージへの移行やライフイベントを乗り越えるための課題に関して、無理のない方法を考案するなどして協力することです。

★1　今日、「物語」というパラダイムが、臨床の世界に広がりつつあります。河合（2001）は、「物語」による治療を「近代科学のパラダイムによって、原因を除去し現象を消去しようというのとはまったく異なり」「物語は何かと何かをつなぐ役割をもつとともに、何かと何かがつながれることから生まれてくる」と説明しています。

　　社会構成主義（social constructionism）を理論的背景に、家族療法の現代的展開から生まれたナラティヴ・セラピー（narrative therapy）は、人生という「物語」の書きかえを通して、クライエントの悩みの解決の援助をします。ナラティヴ・モデルを提唱したエプストンとホワイト（Epston & White, 1992）は、「物語（story）」について、「生きた経験はストーリーを通して解釈される。われわれは自分のストーリーの中へ出演者として入っていき、また他者のストーリーの中の出演者にもなっていく。私たちはこうしたストーリーを通して人生を生きる。…人生や人間関係が進行してい

くのは，ストーリーの書きかえ作業の工程（小説の中の不確定な要素を読者が自らの経験と想像力で補うこと）に似ていて，今までのストーリーへの新たな経験と新たな想像性を持って入り，それに手を加えて自分自身のものに書き直すのに似ている」と述べています。

[阿部]

▶▶▶ 事例6　p.124参照

2節
クライエントからの終結希望をめぐって

　クライエントからの心理療法やカウンセリングの終結を希望する場合を考えるにあたり，クライエントとセラピストのどちらもがすんなり終結に同意できる状況は，本節では取り上げないことにします。その場合は，どちらが終結を言い出しても大差がない状況かと思われるからです。本節では，クライエント側は終わりにしたいと思い，セラピスト側は終結をめぐってのいろいろな思いが残る状態について整理してみようと思います。

1●中断ではなく終結という選択をする意味

　日本での心理療法やカウンセリングでは，きちんとした治療契約を結んでいる場合もありますが，おおよその枠組みだけを設定する形で行なわれている場合も少なくないと思われます。したがってクライエントが比較的自由に来る・来ないを決められたり，いつの間にか来なくなるという場合が珍しくなさそうです。

　そうしてみると，クライエントから終わりにしたいと言われる状況とは，クライエントとセラピストがいわゆる作業同盟的な関係をつくっている場合とみなせるでしょう。クライエントの思いからの終結であるにしても，一緒に力を合わせてきたセラピストと2人の作業のまとめなりをして区切りをつけたいという思いがあったり，社会礼儀上勝手に去るのは失礼だという思いが前面に立っていることもあるでしょう。また，今は去ることを選ぶとしても将来また必要になったら会いに来たいとどこかで思っていたり，去るのに不安があるのでセラピストの了解を得ておきたいという場合もあるでしょう。あるいは，どこ

かに心残りや迷いがあって、セラピストにそれを気づいてほしいとひそかに期待している場合もありそうです。

また一方では、終わりとすることをめぐってのはっきりとした葛藤や不安があると、あえてあいまいな終了の形をとろうとするクライエントもいるわけです。この場合クライエントからの終結希望は、はっきり言葉としては出されないままなんとなく終了となってしまうため、セラピスト側は中断した事例とみなしていることも考えられます。

2 ●クライエントからの終結希望

クライエントから終結の希望が出される場合を整理してみると、遠方の学校への進学や転勤、病気、出産・子育て、介護などでの物理的に継続困難な場合を除いては、(1) 抵抗とみなされる場合、(2) クライエントとセラピストの目指すものが異なっている場合、そして (3) 前向きな分離の決断と捉えられる場合、の3つが思い浮かびます。

(1) 抵抗とみなされる場合

セラピストがまだ早いと思っている時期の終結希望は、面接によるこころの揺れが苦しくつらかったり、自立と依存、支配と服従、別れ、あるいはクライエントという立場をめぐる葛藤などのいろいろな理由から、抵抗として終結が言われていることがあります。

この場合は、セラピストの態度やセラピストとクライエントとの関係の中に、こうした抵抗のもとを見極めていくことになるでしょう。たとえば、セラピストから支配されているように感じて心理療法をやめたいと思っているクライエントを想像してみます。こうした場合、このクライエントは人との間に支配─服従という関係をつくり出してしまう傾向をもっていることが多く、セラピストとの間にもだんだんとそういう関係がつくり出されていきやすいわけです。これはまた、転移─逆転移の問題としても考えていくことができるので、クライエントの支配─服従をめぐる葛藤への気づきを促すはたらきかけとともに、セラピスト側も自分の態度の点検が大切になると思われます。

(2) クライエントとセラピストの目指すものが異なっている場合

治療契約としてしっかり目標が話し合われていれば、目指すべきクライエン

ト像についてのズレは比較的起こりにくいわけですが，問題に向かうアプローチの方法や深さの程度などは，進んでいく中でクライエントにもわかってくることなので，両者のズレも起こりやすいと思われます。

　方法の問題でよく経験するのは，催眠で治してほしいとか，お話しでなく直接治す方法でやってほしいとか，夢分析をやりたいというような希望です。こうした事柄は始めるにあたってきちんと話し合いがされやすいので，問題となることは少ないでしょう。さらに比較的初期によく聞かれるのは，クライエント側はもっとアドバイスや指示をしてほしいのに何も言ってくれないとか，反対に話をもっと聞いてほしいのにセラピストのほうがしゃべりすぎる・解説したがるとかいう問題です。あるいは留意したいこととして期間に関する捉え方のズレがあります。セラピスト側が「あせらずじっくりやりましょう」と言った場合，それは年単位・数年単位であることも稀ではないのですが，クライエント側がそれをせいぜい数か月単位のイメージで捉えていることもあり，面接の進行につれて問題になりやすいものです。中期から後期になってくると，たとえば内界探索に重点を置くアプローチではなくもっと現実の問題を扱ってほしい，あるいは反対に現実の問題ばかりでなくもっと内面の問題を扱ってほしい，というような抵抗を含む可能性のある不満が出されることがあります。以上の問題はクライエントの期待とのズレからくる不満として，中断に近い終結の希望に結びつくことがありそうです。

　また大きな留意事項として，クライエントとセラピストの問題意識のズレが考えられます。クライエントは終わりにしたいと思っているが，セラピストはまだ大きな問題が残っているので，続けることが必要と感じているというような場合です。クライエントは一応困った症状なりが軽快しているので，ここまででいいと思うのですが，セラピストのほうは内面の問題があり，また同じようなつまずきに陥る可能性があると見通しているときに，もっと徹底してその問題に向きあう必要があるという気持ちになりやすいわけです。セラピストの見立ても伝えて，再度の治療契約の話し合いが必要になっていると考えられます。

（3）前向きな分離の決断と捉えられる場合

　さて整理をここまで進めてきて，最後に一番筆者が触れておきたいテーマを

取り上げます。それは，セラピストにとって心理療法として考えればまだまだ終結とするには不十分な面が大きい場合でも，クライエントに一人でやっていきたいという意志が感じられたら，それは大切にしていきたいというものです。

　心理療法の終結は，クライエントのこころの世界では親からの「分離」や「自立」のテーマと重なるものであり，言ってみれば心理療法の終結が，転移に色づけされたセラピスト―クライエントという擬似親子関係からの分離や自立と同じ意味合いをもつともみなされるわけです。とすれば，ひとつは，故郷をあとにして旅立つ潔い青年のような，ある時点を境にしてきっぱりとした親元からの分離ばかりを期待しなくてもよいのではないか，と筆者は考えるようになっています。分離というものが親子関係にその基本を求められるとすれば，特に日本の親子関係では，きっぱり関係を絶つというやり方は不自然でなじみにくいものかもしれません。心理療法の終結も，もっと柔軟に考えてみてもいいのではと思います。もうひとつは，自分の親とはできなかったり，うまくいかなかった分離や自立の試みを，セラピストとの関係の中でやってみることこそが大事で，終結のしかたをその意味合いから見ていくことも大切な視点ではないかと思います。

　このような点を考えるために，第Ⅱ部事例7で取り上げる「生活の中で治す工夫をしたいと終結を希望した解離性障害の事例」を検討してみましょう。

　この事例では，クライエントが，期待していた母からの理解も支えも得られないとあきらめたとき，自分一人でカウンセリングを続けるのはつらすぎると判断して，カウンセリングを受けることそのものをあきらめたわけです。セラピストである筆者としては，今後の進路決定や就職活動，そして就職，結婚，出産・育児などを考えると，いずれつまずくのは目に見えている，だから余裕のある今のうちに問題に取り組んでほしい，という思いも強かったのですが，クライエントを抱えてくれる存在も見つからず，気持ちを楽にできる居場所もない状況をみれば，そのクライエントの直感的判断は，非常に現実的で妥当なものだとも思われました。そして，ふつうの大学生活を送る中で自分を治していくという決意をし，その具体的工夫のひとつとして海外語学研修旅行へ参加したのでした。こうしたクライエントの判断や決断は，筆者もはじめは現実的にしかたなく受け入れるしかないもの，という受け取り方だったのですが，だ

んだんとより健康的な決断であり，行動である，と思えるようになっていったのです。クライエント自身の，「いつかは自分の問題にきちんと向き合う必要があるかもしれないが，できるだけ生活の中で自分を治していきたい」としている点は，「現実的に治していけるところを治していくと，全体としてこころの健康度が上がり，さらに大きな問題に立ち向かう力をつけていける」というよきサイクルを生み出すことであり，置かれている状況の中の方策としては非常に現実的で前向き・健康的な立ち向かい方ではないかと考えられるからです。こうした意味で，セラピストはその決意を大いに励まして，「今後の努力の方法なども確認し，何かあったら相談にのるよ」「また来たくなったら戻って来ていいよ」といつでも戻れる親元のような雰囲気で送り出すことが，治療的ではないかと思われます。

さらにこのクライエントは，終結を決める頃の面接では，セラピストにあからさまな父親転移をぶつけてきました。母親に対しては，面接の場や家でもある程度言えた部分もあったのですが，父親とはお互いほとんど口もきかないできたのです。「先生に押さえつけられるのがいや」「よく知らないのに決めつけられるのがいや」「先生は自分が絶対正しいと思ってる」などの言葉は，ずっと父親に言えなかった言葉なのでしょう。そうした言葉を投げつけながら，カウンセリングを終結したいと言ったのです。現実の両親がいる家庭は，自分がつぶされるような気がする牢獄のようなものと感じながら，そこから離れることができないでいるのですが，セラピストと相談室が親への自己主張や親からの分離の練習の場になっているわけです。こんなふうに自分の思いをぶつけて離れていっても自分が拒まれず，否定されないで，自分が必要になったときにはまた受け入れてもらえるという関係は，クライエントにとって新しい親と子の関係の体験になるはずです。

以上事例をとおして，クライエントから出された終結の希望が，自分一人でやってみようという分離・自立への強い決意を伴ったものであるとき，それを治療的に活かすあり方を考えてみました。特にクライエントが分離と自立のテーマに実際に取り組んでいる青年期の場合，大切にしたい視点です。　［浅海］

▶▶▶ 事例7　p.129参照

3節
セラピストの転勤と終結

　終結に関しては，さまざまな見解がありますが，一般に終結はクライエントの内的な変化によるものでしょう。河合（1970）は終結の目安として以下の4点をあげています。

①クライエントの人格に望ましい変化が生じた。
②クライエントの訴えていた症状や悩みなど外的な問題についても解決された。
③内的な人格変化と外的な問題解決の間の関連性がよく了解されている。
④以上3点についてセラピストとカウンセラーが話し合い，カウンセリングによって成した仕事の意味の確認ができる。

　しかしセラピストの転勤は，「外的要因によって終結せざるを得ないとき」（河合，1992b）です。そこで本節では，セラピストの転勤による治療の終結について考察を加えていきたいと思います。

1 ● セラピストの転勤を打ち明けるまで

　終結の問題をカウンセリングの中でもち出すことはとてもむずかしい問題を含んでいます。東山（2002）は，終結期は，クライエントだけでなく，セラピストにも逆転移やコンプレックスが活性化する時期だと述べています。クライエントからの終結ではなく，セラピスト側の理由である転勤による終結の場合は，通常の終結とは異なるセラピストの逆転移やコンプレックスが出てきやすいように感じます。言うまでもなく，転勤ということは，終結の際にクライエントに「また何かあったら来て下さい。ずっと私はここにいますから」と言えない申し訳なさがあります。そのために，筆者の場合も，転勤が決まった後，クライエントに終結を伝えることがなかなかできませんでした。

　転勤を伝えるまでにセラピストが考えなければならないことは，その段階で当初の主訴や目標がどの程度成し遂げられたかをふり返ることです。それによって，セラピストの転勤を期にカウンセリングを終結にするか，他のセラピストや他の機関にリファーするかという選択が出てきます。

終結にする場合は，今までのカウンセリングにおいてクライエントとセラピストが行なってきた作業の意味を共に味わい，その関係が終結してもカウンセリングの中で起きた内的な変化までもが終結するわけではないことをしっかりと伝えることができるといいと思います。

リファーをするときには，治療機関までの距離や料金など物理的な条件も含めて，セラピストからいくつかの選択肢を提示し，クライエントに選んでもらうのがよいのではないかと思われます。また，リファーする側としては，新しいセラピストとクライエントの関係がイメージできるほうが安心ですので，できるだけよく知っている機関やセラピストを紹介したほうがよいでしょう。このイメージは，こちらの主観的な視点に大きく左右されるところですが，後日，後任セラピストにその後の様子を聞いてみると，大きくは間違っていなかったように感じます。セラピストが感じる申し訳なさ，クライエントとの離れ難さについては，次頁「3●転勤を打ち明けてから」で触れることにします。

2●転勤を打ち明けるとき

セラピストがクライエントに転勤を打ち明けるとき，セラピストはクライエントがどのような反応をするかを考えて緊張をしますし，そのときのクライエントの感情をしっかりと受け止める心構えもしておく必要があります。

筆者は転勤を伝える際，思わず，「ごめんね」と言ってしまったことがあります。5歳のケンジはいわゆる「キレる子」で，とても深い不安と強い衝動性をもっていました。筆者は知的に高い5歳のケンジにどのようにして転勤を打ち明けるか悩んだ末に「ごめんね」という言葉で，筆者自身の罪悪感と別れのつらさを5歳のケンジに委ねてしまったのです。ケンジは，暴れ出すでもなく，「やっぱりなぁ。そうなるかと思ってた。このピンクの靴履いてる人（筆者のこと），どっか行っちゃうんだ」と言いました。ケンジは別れのつらさやセラピストが去っていくことへの怒りを表出することはありませんでした。別れのつらさを共に味わうことはとてもむずかしいことです。

この失敗を痛切に教えてくれたのは，内的な力のある成人のクライエントの正子でした。正子は，最後のセッションでセラピスト宛ての手紙を持参しました。その手紙には，「『一緒に考えていきましょう』と言ってくれたのに，どう

していなくなっちゃうんですか。ひどいです」といった内容が書かれていました。筆者はその手紙を読んで，正子なりにセラピストとの別れの作業をし，セラピストが離れていくことに対しての怒りを素直に表現してくれていると思い，感謝の気持ちでいっぱいになりました。このような作業がなされないまま終結を迎えると，ケンジとの別れのように何かすっきりとしない感じが残ってしまいます。

3 ●転勤を打ち明けてから

セラピストがクライエントに転勤を打ち明けてからは，今後の治療関係をどのようにしていくかが話題となります。先にも少し触れましたが，セラピストの転勤を期に，カウンセリングを終結にする場合とリファーする場合が考えられます。

（1）カウンセリングを終結にするとき

セラピストの転勤がわかった時点で，今までのカウンセリングによって，クライエントの中にある程度の心理的成長や主訴の解消がみられたとき，セラピストの転勤を期にカウンセリングを終結にすることがあります。もちろんこのとき，セラピストがカウンセリングを終わりにしてもよいだろうと感じていたとしても，担当者を変えてカウンセリングを継続したり，他機関へリファーすることも可能であることを伝え，どちらにするかの選択をクライエントに委ねるべきだと思います。

また，クライエントが終結を選んだとき，またカウンセリングを受けたくなったときのために，後任セラピストや他機関の情報を提示しておくことも必要ですし，可能であるなら，後任セラピストに，一応終結にしてあるが，いつか訪ねて来るかもしれないことを伝えておくとよいと思います。

筆者は，カウンセリングを継続したほうがいいと思っていても，クライエントはカウンセリングを終結することを選ぶことを意外と多く経験しました。これは，クライエントと離れたくないというセラピストの気持ちが強すぎるために起きている場合があります。セラピストは離れたくないけれど，継続することが不可能で離れざるを得ず，信頼できる他のセラピストにそれを託そうとするのです。転勤という外的条件による終結の中で，クライエントに教えられた

ことのひとつは，セラピストが自分で気づかないうちにクライエントを離し難いと思っている可能性があり，それに注意を払う必要があるということです。

（2）リファーするとき

　クライエントがリファーを望んだとき，クライエントとどのような形で引き継ぎを行なうかを話し合ったうえで，可能な限り後任セラピストと引き継ぎをする時間を取るべきです。筆者の場合，たとえば後任のセラピストを紹介する場を設けたこともありました。このような場を設けることについてもクライエントと相談して進められるとよいように思います。なぜなら，そのような紹介の場を設けることを希望しないクライエントもいるからです。

　リファーするときも，クライエントとセラピストとの間で，しっかりと別れの作業をしておく必要があります。前任セラピストが去っていったことに対する怒りが，「前のセラピストのほうがよかった」という形で，後任セラピストに対して向けられることもあるからです。可能であれば，時間が経ってから，後任セラピストにその後の様子を聞いてみると，勉強になることもあります。

　ある自閉性障害の男児（7歳）は，筆者が転勤して1年後に，後任のセラピストにプレイセラピーの中で，「高橋先生は，京都に行っちゃったんだ。今の僕には田中先生（現セラピスト：仮名）がいるもん」と言ったそうです。その子なりに「別れ」の意味を理解して，今のセラピストとやっていこうとこころを決めるのには，1年という月日が必要だったのだ，と感慨深いものがありました。

　また，ある成人の女性は，セラピストが代わったことをきっかけに，「いつも私は同じことのくり返しをしている。これからは，そこから脱却して変わりたい」と後任セラピストに語ったそうです。セラピストの交替をきっかけに，今までの過程をふり返るきっかけをつくったように思います。

　セラピストの転勤による終結は，セラピスト側の一方的な終結であるため，セラピストとしては終結によるマイナス面に目が向かいがちです。しかし，転勤を機にカウンセリングを終結にするにしてもリファーするにしても，今までの過程をふり返ったり一度仕切り直しをしたりすることが，クライエントの内的な力を引き出すきっかけになる可能性にもなるのではないでしょうか。

［高橋］

▶▶▶ 事例8　p. 134参照

4節
終わりなき面接

1 ● 愛着をめぐって

　話は少し横道に逸れますが，ローレンツ（Lorenz, K.）は鳥にインプリンティング（刷り込み）現象を見出しました。また，鷲は1歳になったとき，自分を育ててくれた人間の中から誰か一人をボスに選び，その繋がりは約70年の寿命の間，ずっと続くそうです。しかし，何らかの事情でボスがいなくなると，食欲や元気が失せて，決して他の誰にも懐きません。これはペットロスならぬ動物の「飼い主ロス症候群」とでも言えるでしょう。また，猿の子どもは親から引き離され，誰からも愛撫などの身体接触を受けないとミルクを飲まなくなり，やがて衰弱死します。愛情を撤去されると，子ども自ら自分を見捨てるのでしょう。

　こうしたときに，鷲にボスの残した靴下を与えたり，子どもの猿に毛布を与えたりするだけで，食欲を取り戻し，生き抜くことができるのです。それらに共通しているキーワードは，「愛着」という生きるための絆のようです。

2 ● 終わりなき関係・終わりなき自己の探究

　何事にも始まりと終わりがあるように，面接にも始まりと終わりがあります。しかし，親子の縁や師弟関係などは死によってさえ分かたれるものではなく，いつまで経っても親は親であり恩師は恩師にかわりありません。このように，人と人との関係性においては，終わりがないという側面が少なからずあります。

　ところで，精神分析学の創始者フロイト（Freud, 1937）は『終りある分析と終りなき分析』という論文の中で，「患者に施す治療分析の場合ばかりでなく，教育分析も終りあるものではなく，終りなき無限の課題である」と述べています。また，内観法の創始者である吉本伊信は「1週間の集中内観でどれだけ深い体験をし，気付き，報恩感謝に目覚めても，日常内観を継続しないと，それは薄れていく」と述べています。このように，自分自身への取り組みとでもいうべき自己分析や内観法は，一般に終わりがないとされているようです。

3 ●死と再生

　では，私たち人間を生み出し，育んでくれる地球や太陽，さらには宇宙には終わりがあるのでしょうか。超新星爆発によって太陽が終わりを遂げたとき，私たちの地球もまた終わりを遂げるのでしょう。それは太陽や地球の終わりの一方で，新しい星の誕生にもなります。人間の世界でも，親が死んで子どもの時代が来るように，また恩師が亡くなっても次の世代の人々が後を継ぎ，発展させていくように，終わりは始まりでもあるのです。

　一方，ユング心理学における「死と再生」は心理療法のさまざまな場面で体験されます。自由連想法，夢分析，遊戯療法，箱庭療法，内観療法などにおける死と再生は，いずれもクライエントが実際に亡くなるのではなく，生きていながらにして生まれ変わるような体験をすることです。昨今，インターネットで一緒に死ぬ仲間を探す話をよく見聞きしますが，実際に死ぬのではなく，よき相談相手を見つけ，その中で自分に本来備わっている能力を見出し，再生もしくは新生してほしいものです。

　フロイトは，人間には生の本能（エロス）と死の本能（タナトス）という2つの根源的な本能があると主張しています。生きる力が強すぎると覇権主義のようになり，破壊本能が台頭してきて，生きる力は減衰していきます。しかし，破壊本能が吹き荒れ続けると，今度は生の本能がそれを是正しようとして，その力を発揮し始めます。それは戦争が起きたら，その次には，平和を望む声が大きくなることに似ています。

4 ●アルコール依存症とは

　ある著名な分析心理学者をして「私にはあなたを治すことはできません。あなたを治せるのは霊的な力でしょう」と言わしめたアルコール依存症は，急性アルコール中毒とは一線を画し，以前は慢性アルコール中毒ともいわれていました。これは俗称アル中と称され，自分から好きでなった病気，自業自得，あるいは，反社会性人格や精神病質人格といった誤解を受けてきました。しかし，実は彼ら彼女らに大変苦悩しているという側面があることを，家族や社会はもちろん医療関係者でさえよく理解してきませんでした。

精神科医で作家のなだいなだ（1966）は，その著書「アルコール中毒」で，コントロール障害のことを東京から新幹線「ひかり号」に乗ったら，途中下車できずに名古屋まで連れて行かれてしまうと表現し，自由がなく，飲み出したら止まらないことをわかりやすく比喩的に述べました。また，斎藤学（1985）は，富士山をアルコール依存の山にたとえています。「その裾野は広く，静岡県からも山梨県からも登れるように，多様な人格と心理現象がみられますが，頂上ではアルコール依存の紋切り型の心理現象しかみられなくなります」と述べて，慢性アルコール中毒もしくはアルコール依存症に対する世間の理解を求めています。

こうした説明を通じて，近年徐々にアルコール依存症は誰もがなり得るし，回復する病気であることが理解されるようになってきました。20年前に比べると内科医のアルコール依存症への理解もすすみ，「一杯ぐらいは飲んでもいいですか」とすがるように尋ねるクライエントに対して，「断酒会に入って断酒しないと，またすぐに悪くなって入院する事になるよ。それどころか，命が危ないよ。今度飲んだら死ぬよ」と，正しいアドバイスをする医師も少なくありません。そして，どうしてもアルコールが止まらずに連続飲酒状態になってしまう人には，アルコール依存症の専門病院を紹介するようにもなりました。しかし，未だ専門家の間でも誤解があり，アルコール依存症は回復しないと考えたり，その逆に節酒できると理想論を唱えている人もいます。

5 ●アルコール依存症からの回復

ところで，アルコール依存症で，かつ，長年（10〜20年）断酒を継続する人々が増えてくると，家族，世間，医療関係者，そして行政の目が変わってきます。長年の断酒会活動を通して多くのアルコール依存症の人々を救ってきたことで，彼らを治療した精神科医師とともに県知事表彰を受けた断酒会の人々もいます。このように，アルコール依存症からの回復者たちは，人間としての尊厳を回復し，さらに精神保健・福祉の分野で，大いに社会貢献されているのです。

一方，アルコール依存症のクライエント全員が「終わりなき面接」を受けているかと言えばそうではありません。むしろ，逆に期間を制限して治療を行なっています。たとえば，入院期間は3か月（昔は4か月）ですし，退院後の通

院期間,「断酒の集い」という院内の治療グループへの出席は最低1年間と治療規則で定められています。多くのクライエントは,退院と同時に自助グループの断酒会に入会します。そして断酒会員との繋がりや絆を太くする作業を,退院後に着実に積み重ね,1年間断酒できた段階で面接を終了することができるのです。

一方,少数ながら多くの課題を抱えていたり重い課題を抱えている場合,クライエントは一定期間内で面接を終わらせることが困難になります。また,面接に期待される内容や分野が個人から家族へと移ったり,さらに断酒会の運営面や断酒仲間を援助する内容や分野へと変化してきた場合,「終わりなき面接」の様相をもってきます。

セラピストからすると,治療・相談活動の域を超えて,指導者を育てたり教育指導的な立場を取っていることになりますし,クライエント―セラピスト関係から,スーパーバイジー―スーパーバイザー関係に移行するとも考えることができます。　　　　　　　　　　　　　　　　　　　　　　　　　　　　［三和］

▶▶▶ 事例9　p.140参照

5節
終結の時期――主訴の消失か心理的成長か――

1●子どもの心理療法における「親子転移」

「終結は,心理療法がクライエントにとってどのような意味をもったかを左右する」と指摘されています（Weiner, 1986）。それだけに,終結にはセラピストとして特別な意識がはたらくものです。しかし,終結はセラピストとクライエントとの相互関係の影響を強く受けており,筆者は何度経験しても納得のいく終結ができたという実感がもてないでいます。

特に子どもの心理療法においては,終結に影響を及ぼす要因はより複雑になります。子どもの母親が終結作業のイニシアティヴを取ることは稀ではありません。親からの申し出が,終結を考えるきっかけとなったり,お互いに離れ難くなって回数を重ねてしまっているような場合が,これまでにも指摘されています（伊藤,1992；飽田,1999）。筆者も,子どもの心理療法では,しばしば

このような経験をします。それは，子どもの心理療法が無料であったり，有料でも子どもは直接自分がお金を払うわけではないので，その実感が乏しいことも影響しているのでしょう。そのため，どうしても子どもの側に，いつまでも通いたいという気持ちが生じやすいようです。

　もちろん，そのような転移関係が形成されるためには，セラピスト側の要因も大きく影響しています。子どもとの関係は，ときに「親子転移」のような関係を築きます。クライエントは，理想的な親イメージをセラピストに投影し，セラピストもクライエントがわが子のように思えて，心理療法の時間を楽しみに待つようになります。特にさまざまな問題が整理され，クライエントの攻撃的な関わりが収束に向かい始める頃から，こうした親子転移が生じ始めることが多いようです。実際には，この頃にこそ，クライエントはすでに大きな問題を乗り越えて，現実的な感覚や対処能力を身につけてきているのであり，まさに終結を考えるべきときに来ているのです。

　にもかかわらず，セラピストとしては，まだまだこの先も成長を見守っていかねばならないような気持ちになっていて，客観的にクライエントの変化を判断できなくなってしまうことがあります。このような局面で，親から終結が提案されることがしばしばあるのです。親からの終結の申し出は，現実場面での子どもの成長に気づかせてくれるきっかけにもなりますし，クライエント本人からよりもはるかに多くの情報が得られます。「十分に成長した」という情報とともに，しばしば連れて来ることが困難になる理由があげられることがあります。たとえばきょうだいの用事，母親自身の用事，クライエントからみた祖父母の介護など，もっともだと思われる理由がもち出されるのです。つまり親は，クライエントの問題とそれを解決するのにかかるコスト（時間・お金）を冷静に天秤にかけ，これだけ成長したのだから，これ以上コストをかけられないという現実的な判断をするのです。つまり，クライエントにとってどうしても心理療法の必要性が高いときには犠牲にすることができた他の問題が，クライエントの成長や問題解決とともに浮上してくるのです。そうなると，クライエントは，心理療法に通っている間は自分に集めることができていた家族の関心やコストを他にもって行かれてしまう不安から，終結への抵抗を強めることもあります。

一方，セラピストは，親からの申し出を受けると現実感覚を取り戻し，転移関係をある程度は冷静に見つめることができるようになってきます。そして，もう一度，心理療法開始当初の目的に立ち戻りながら，主訴の解消やクライエントの成長と，不安が残る面とを区別して見直すようになります。ただし，親からの情報を100％受け入れるわけにはいきません。親の情報は，親の願望のフィルターを通したものです。主訴の解消という客観的な指標のように思われることでも，実は複雑です。

　たとえば，すべての生活において主訴が完全に消失することが終結の基準なのかどうかを考えてみると，そのようなことはむしろ稀で，たいていは7割方の解消だとか，社会的な場面では解消した状態で終結します。主訴が，親からみると解消しているにもかかわらず，面接室では生じるということもあります。あるいは，学校でも生じているかもしれません。それは親には見えないことなので，学校の先生からの情報も必要となります。

　このように，子どもの心理療法の終結にあたっては，初期面接と同様，子どもに関わるさまざまな人から情報を集めることが重要です。しかし，もっと重要なことは，集めた情報をクライエントとセラピストとの関係，つまり心理療法場面で話し合うことです。この話し合いは，クライエントにさまざまな側面の現実認識を促します。それは自分，親，担任それぞれについての認識であり，それぞれの人と自分との関係の認識でもあります。こうしてクライエントは，心理療法に終わりがあるという現実を認識できるようにもなっていきます。

2 ●抵抗と「ぶり返し現象」

　一方，こうした作業がスムーズに進めば終結を迎えられるように思いますが，現実の心理療法では，必ずしもそうはいかないことも少なくありません。この過程で，クライエントに強い抵抗が生じることがあるからです。特に子どもの場合，終結に向かう作業は，2人の大人が勝手に決めて，自分をその流れに乗せようとしているかのように感じられるようです。そのためか，現実認識が進むにつれて，心理療法をやめさせないようなはたらきかけが現われてきます。心理療法の場面でのみ，主訴がぶり返したり，本人は「全然よくなっていない」と，親の情報とはまったく正反対の主張をすることもあります。このよう

な現象を飽田（1999）は，「ぶり返し現象」とよんでいます。

　こうした子どもの抵抗に出会うと，「主訴が解決していないのに，終結はできないのではないか」という疑問がセラピストを支配し，終結を先延ばしにしてしまうこともあるでしょう。しかし，このようなときに，「子どもの強い希望に抗してでも終結を宣言することが，その心理療法を意味あるものとして，有終の美を飾ることをスーパーバイザーから学んだ」と飽田（1999）は報告しています。筆者は，経験を重ねる中で，徐々に同様の意識を抱くようになってきています。

　なぜなら，クライエントが子どもの場合，こうした抵抗ができることがひとつの成長の証であると考えるからです。特に，自己主張ができず，抑制傾向の強かった子どもにとっては，このような意思表示ができるようになること自体が大きな成長といえます。言葉でうまく言えず面接場面で主訴がぶり返すというような非言語的な表現であれば，なおさらそれに流されるのではなく，その意味をセラピストが汲み取りながら，向き合うことが求められます。

　ここでセラピストとして悩むのは，母親からの主訴解消の情報と目の前のクライエントとの食い違いを，どのように理解するのかでしょう。セラピストとしては，目の前の子どもを信じたほうがいいと考える人もあるでしょう。しかし，それは，子どもとの「親子関係転移」に動かされている可能性があります。「お母さんはこんなふうに言っているけれど，今の君と違うね」と投げかけ，セラピストにもわからないけれど，それはなぜだろうかと一緒に考えるきっかけにできるとよいでしょう。そうした話し合いをするうちに，やめたくないという気持ちが言葉で表現されるようになれば，ある意味でそれは終結をしてもよいというサインではないかと思います。なぜなら，言葉で自分の気持ちを表現できること，人との関係で主張できることこそが，クライエントが心理療法で得たものだからです。

3 ● 心理療法を終える目安とは

　心理療法に何ができるか，という根本的な問題に通じることですが，筆者は，心理療法にできることは限られていると考えています。そして，最も大きな功績が，言葉による感情表現や自己表現ができるようになることであると思いま

す。これが身についたということが，クライエントの態度から明らかになってくれば，それは終結を考えてよい時期だといえるでしょう。もちろん，それがセラピストとの間だけでなく，家族や友人との関係でも可能になっているかどうかは，情報を集めて慎重に判断していかなくてなりません。ただ，逆説的ですが，終結を考える大人に強く抵抗して，「続けたい」と主張することと，「私はよくなってない」「まだつらい」と言えるようになっていることは，クライエントの大きな成長のあかしです。そのようなクライエントの抵抗の中に力強さを感じたとき，筆者は，自分の中の「親子関係転移」を見つめ直して，別れ難い気持ちや，ずっと成長を見守っていきたい気持ちを整理するようにしています。それでも揺れ動き，一貫した態度が崩れそうになることを支えてくれるのは，きっぱりやめることを決めている親の一貫性です。こんなとき，さまざまな現実の中で生きている親子の関係と，非現実で2人の関係の中にある心理療法の関係の違いをあたらめて実感します。そして，現実から離れた関係をいつまでも続けていてはいけないと，終結への決意を強くするのです。

　もちろん，セラピストが終結を決意したら，それを強行に履行するということではありません。特にクライエントが抵抗しているときには，おおよその終結時期を提案し，それまでの間に終結をめぐってのさまざまな作業を共に乗り越えていく過程が重要になるのはいうまでもありません。しばしば心理療法の展開期に，セラピストに対する直接的攻撃や試し行為をめぐってやり合うことの重要性が指摘されます（東山，1992）。しかし，これは，終結期においても言えることです。終結は心理療法の重要なプロセスです。大きな山場を迎えた後の静かな終着点というイメージをもつかもしれませんが，これまでの問題や心理療法で生じたことをふり返りまとめ上げていく過程でも，とても大きな力が動きます。そのとき，セラピストが「もう終結が近いから」と気持ちを緩めると，終結に向かう作業が滞ったり，大きく逆戻りするという経験を筆者自身はしています。それだけ，クライエントにとって，ひとつの経験を統合し自立して旅立つことは，不安でたいへんな作業なのです。

　また，終結の作業の中で，主訴となる症状や問題行動が，子どものクライエントにとって再び自己表現の手段となって現われることもあります。そのときに，逆戻りを懸念したり，早すぎた終結を考え直したりするものですが，終結

期にあっては，むしろなぜ今それが現われたのか，これからもそんなことがあるかもしれないけれど，そんなときはどうすると思うか，などの話し合いをしていくことが役立つように思います。もちろん，終結しても二度と来られないわけではなく，必要があればまた再会できる可能性があることも伝えたうえでですが，セラピストがいなくても乗り越えられる可能性をイメージすることができると，その後の生活に向けて，クライエント自身の中に支えを築くことができるようです。

　主訴の消失や解決は，はたしてセラピストの仕事なのか，私たちの役割は何なのか。終結の作業は，その問いに対する答えを見つけるためのセラピスト自身の作業なのかもしれません。 ［塩崎］

▶▶▶ 事例10　p.143参照

6節
セラピストの妊娠と終結

1●終結について思うこと

　終結というテーマについて考えたとき，まず頭に浮かんだことは，母体免疫の仕組みでした。赤ちゃんは母体から免疫物質を授かって生まれてくるため，生後しばらくの間は感染症に罹りにくいといわれています。この母体免疫は，胎内での生活から外界での新しい環境に適応していく時期に赤ちゃんを感染から守る役割を果たすのですが，生後6か月ほどを過ぎるとしだいにその効果は消失します。その後は病気をくり返しながら，赤ちゃんが自分で免疫システムを獲得して身を守っていくのです。この実に巧妙な仕組みは，生まれて間もない赤ちゃんの体を守るばかりではなく，家族が赤ちゃんとの生活に慣れるまで猶予期間を与えてくれるものとも思えるのです。

　さて，心理療法の終結においても，この母体免疫のように，その後のクライエントとその家族の助けとなるものを残すよう心がける必要があります。もちろん，それまでの経過の中で育まれてきたクライエントの力や人間関係が，終結後のクライエントを支える基盤となり得るでしょうが，別れにまつわる感情とどう向き合うかや，クライエントと家族が互いに折り合いをつけてやってい

く覚悟ができるかなど，終結に向かう流れの中でだからこそ扱える問題も存在します。そして，次のスタートに繋ぐという視点でみると，場合によっては「立つ鳥後を濁す」ことがその後の展開に役立つことも出てくると思われます。特に，本節のテーマである妊娠のように，セラピストの都合がきっかけとなって終結またはセラピストの交代となった場合，クライエントにとっては問題が山積みの状態での別れであることも多く，一見円満に別れたものの，楽をするのはセラピストだけということになりかねません。別れのプロセスにおいて，本当の意味でクライエントとその家族の助けとなるものを残すこと，さらにその効果は母体免疫と同様，知らぬ間に消えていて，クライエントが自分の力で進んでいるのだと実感できることが望ましいと考えます。

2 ●セラピストの妊娠による終結の留意点

(1) 妊娠はおめでたい，そして妊婦はいたわられる

妊娠は一般におめでたく，祝福される出来事です。そして妊婦になると「大丈夫？　体調はどう？」と声をかけてもらったり，座るようにすすめられたりとふだんよりいたわられることが多くなります。とはいっても仕事帰りの電車では，誰もが疲れていて座っていたいというのが本音のようで，筆者が妊婦であったときに席を譲ってもらったことはほとんどありませんでした。もっとも妊娠の経過が順調ならばいたって健康体なのですし，適度に動いていたほうが母体にも胎児にもよいようですから，「相手に余裕のある状況ならば，ふだんより少しいたわられる」という程度が自然なことであると思います。しかし，クライエントの中には自分に余裕がないにも関わらず，遠慮する人がいるので要注意です。

セラピストが何らかの理由で辞めることになったとき，クライエントは「こんな大事なときに辞めるなんて」「一緒にやっていこうと言ったから，その気になりかけていたのに」「よくなってはきたけれど，まだ心配」「結局おいていくのか」などの腹立ちや不安，寂しさを感じるのではないでしょうか。しかし，妊娠はおめでたく，妊婦は周囲からいたわられる存在であることが多分に影響し，クライエントはこれらの否定的な感情を感じてはいけないと思ったり，ごまかしたりということが起こります。その背景には，自身の感情との折り合い

の悪さや感情表出の不器用さ,「自分のことなどとるに足りないことだ」といった低い自己評価,対人関係における絆を信じきれない不安定さなどのクライエントにとって重要な問題が存在すると考えられます。したがって,これらへの十分な配慮が必要です。

(2) 妊娠はセラピストの迷いを軽減する

心理臨床に携わっていると,迷いの連続です。セラピストとしての成長とは,迷わなくなることではなく,迷いにもちこたえたり,迷いの中から糸口を見つけたりできるようになることであるといえます。しかし,妊娠には,どうも「セラピストが別れに対して抱く迷い」を軽減する側面があるようです。

結婚前のカップルが赤ちゃんを授かると,それが既成事実となって結婚を後押しすることがあります。妊娠は後戻りできないことであり,なにより命の誕生に関わることなので,本人たちの覚悟も決まりやすく,周囲も認めざるを得ないのでしょう。仕事を辞める(または,休む)にあたっても,妊娠は動かし難い既成事実となって,セラピストの背中を押します。

また,妊娠はセラピスト個人とその家族にとって大きなライフイベントでもあり,心身,夫婦関係,生活とさまざまな面で変化が生じます。妊娠中の変化について吉田(2000)は,出産後4〜7か月の母親を対象としたグループ面接による調査の結果から,「妊娠について語られた内容は自分自身に向かっており,対人関係での関心は夫に収束され,社会への関心や興味が減じていた」と述べています。すなわち,自分自身と赤ちゃんに関する喜び,不安,迷いなどに集中するために,他事に関心が向きにくいと考えられます。筆者の場合も,他のスタッフから「ボーっとしている」「細かなことを気にしなくなった」と指摘されたことがありました。

先に述べたクライエント側の遠慮と,セラピスト側の自身の問題への集中との相互作用で,別れにまつわるクライエントの本音にセラピストの意識が向かないまま過ぎてしまったり,クライエントが未解決の問題に目をつぶり円満な別れをセラピストにプレゼントしたりという事態が生じます。どんな別れであっても互いに迷いや痛みはつきものであり,セラピストは妊娠のおめでたさに甘えたり自分自身の問題に集中したりすることによって,それらを避けて通ることのないようにしたいものです。

3 ●妊娠を生かすには

　セラピストの妊娠による終結は，前項で述べたような点に注意を要しますが，他の偶発的な出来事と同様に，それを心理療法の流れに有効なものとして生かすという視点で捉えることも可能です。場合によっては，滞っていた事態の展開に繋がるチャンスさえなります。

（1）1対1の面接が，突然2対1になる

　心理療法では，多くの場合1対1の面接が基本となります。それは1対1の関係が心理的依存や退行を起こしやすく，クライエントの本音に触れることができるからでしょう。一方で，1対1の関係では一定の関係が築かれるとそれが保持されやすいため，事態が進展しない，思い込みや悪循環に陥り抜け出せないといった状況を招くという側面もあります。

　さて，妊婦になったセラピストは厳密にいうと1対1の面接をすることは不可能です。常に胎児がついてきます。セラピストは今までと何ら変わらないつもりでも，クライエントにとっては二者関係で成り立っていた面接が急に三者関係になり，しかもセラピストと胎児が接近し，自分との間には距離があると感じるかもしれません。見捨てられ不安やきょうだい葛藤が前面に出てきたり，この三者関係に耐え切れずにクライエントが身を引いてしまったりすることもあるでしょう。もうしばらく1対1での面接を継続することが望ましい状況にあったなら，セラピストの妊娠はクライエントにとって不運です。しかし，三者関係のもつ不安定さを次の展開への突破口として活用することができれば，不運の影響を最小限にとどめ，クライエントにとって利のある結果になると思われます。この点について次に事例をあげて考えてみます。

　由美は不登校を主訴として小学5年生の2学期に小児科を受診しました。医師の診察では口を閉ざすばかりであったため，筆者が遊戯療法で関わることになりました。プレイルームではすぐに打ち解けままごとやお絵かきを楽しむ様子から，関わってほしい，私をみてほしいという思いが痛いほど伝わってきました。父親は家庭に無関心で，由美に関わるといえば乱暴に怒るときのみでした。母親は孤軍奮闘しているものの，情緒的にはあっさりとしたタイプであるため，家庭には由美の受け止め手がいない状況でした。遊びではすぐに打ち解

けた由美ですが，家族や学校の話題には「学校には絶対に行かない」と言う以外は，貝のように口を閉ざしたままであり，過去に気を許しては酷い目にあった経験をもつのであろうと推察されました。

遊戯療法を開始して1年ほど経ったころ，筆者は妊娠したため仕事を辞めることを由美に伝えました。すると由美は退室を渋ったり，「大好き」と書いた手紙をくれたりと自分の気持ちを表現し始め，筆者のお腹が大きくなるにつれて，その表現はエスカレートしていきました。面接の中で見捨てられ不安として話題にするという方法もありますが，筆者は言語化には時期尚早であると感じ，また人に対して大きく膨らんだ気持ちをそのまま次の心理療法の場にもって行って開花させてほしいと考えたため，由美の自発的な表現を受け止めるにとどめました。退職時に他機関を紹介しましたが，その後心理面接と並行してグループ活動にも参加するようになり，同年代の子どもやスタッフの中で揉まれながら過ごしていると聞きました。

この経過をふり返ってみると，人との関わりを強く求めながらも警戒心から口を閉ざす由美と，由美を案じながらもそっと察するほかない筆者との二者関係に，突如として胎児という第三者が現われたことが，由美が自分の気持ちを意識し表現するきっかけとなったと考えられます。

（2） 妊婦は母親のたまご

どんなことであれ，その道の駆け出しである「たまご」は初々しさや一生懸命さと同時に頼りなさも感じさせるものです。セラピストが妊婦，すなわち「母親のたまご」になることが，終結に独特の色合いを添えることがあります。たとえば，クライエントとセラピストの間にこれから新しくスタートをきる者同士のような雰囲気が生まれたり，「母親のたまご」に頼りなさを感じるのかクライエントが頼もしさを発揮したりするのです。セラピストが終結後も変わらずに同じ場所に居続けるという安定感をもってクライエントを見送ることが理想のようにも思いますが，「たまご」としてクライエントと共に不安や希望を抱えながら巣立つ過程にも意味があるように思います。

4 ●おわりに

第2子を身ごもったとき，「今まではひとりに愛情を向ければよかったけれ

ど，2人になったらどうなるのだろう」と何となく心配になりました。生まれてみれば要らぬ心配でしたが，あれは第1子に対する「見捨て不安」のようなものだったのかと後になって思いました。この経験をとおして，「人と人との間に結ばれる絆は，ひとつひとつが固有のものであって，比較したり二者択一したりする必要は全くない」と再認識しました。このように信じることができるなら，妊娠してクライエントと別れることになったとしても過剰な罪悪感や見捨て不安にとらわれずにすむでしょう。そして，別れのプロセスをじっくり味わいながらクライエントを送り出すことが可能になると思われます。［白井］

▶▶▶ 事例11　p.149参照

第3章 終結と対象

1節
発達障害事例の終結

　心理臨床の終結を考えるとき，発達障害事例については神経症などの事例とは異なる視点が必要となります。発達障害そのものは「治る」というものではなく，障害を抱えたクライエントがよりよく生きることへの援助が求められます。したがって，長期にわたる側面があるわけですが，こういった事例においても，「終結」を意識することは大切になります。

　本節では，発達障害の心理臨床における終結について検討していきたいと思います。

1 ●発達障害事例との出会い

　「終結」を考えるにあたって，クライエントとどのような経緯で出会うのかについて確認しておく必要があるでしょう。発達障害のクライエントが，心理臨床の現場を訪れるきっかけは，以下のように分けることができます。

①親が気づく。
②健診などで障害が指摘される。
③幼稚園や保育園，学校などで指摘される。

　周囲が気づく，もしくは周囲から指摘される内容は，「言葉が出ない」「落ち着きがない」「目が合わない」「パニックがある」といった行動面での心配が中

心で，その時点では障害として認識されていない場合も少なくありません。専門的なチェックを経て，障害であることが明らかにされていくわけですが，親にとっては，その事実を受容していくことも容易なことではありません。ここでは紙面の限りがありますから，この障害の受容については触れませんが，どのような形で親が障害を認識したのかは，その後の展開に大きく影響を与えます。

　いずれにせよ，臨床心理学的な援助の対象として関係が開始され，前述の気づくきっかけとなった行動が話題となります。親自らが気づいたり，周囲から指摘された「問題行動」や不適応状況に戸惑い，障害であることを知った混乱などから，親は目の前の問題にとらわれがちになります。親にとっては，この「問題行動」をなくすことが臨床心理学的援助を受ける目的となります。つまり，そのためには何をしたらよいのか，についてのアドバイスを求めることになるわけです。

　しかし，臨床心理学的援助の目標は，いわゆる「問題行動」の除去，もしくは緩和にとどまらず，障害の特性に沿った，周囲からのクライエントへの理解，さらに本人自身の自己理解の援助をとおして，その後の生活におけるさまざまな困難を克服し，充実した精神生活を支えていくことが中心と考えられます。具体的には，幼児期から児童期，青年期と，発達を追ってそれぞれの環境への適応と発達課題への取り組みを援助していくこととなります。

　この臨床心理学的援助の目標を親と共有することが重要となりますが，共有できない場合も少なくありません。そこで，発達障害事例との出会いのスタートは，目の前の問題からクライエントのこれからの人生に視野を拡げることが必要となります。

2 ●発達障害事例の治療契約

　心理臨床においては，「治療契約」が大切にされています。終結は，この治療契約に対応して存在するものですから，終結を考えるときには，どのような治療契約であったのかがポイントになります。ここでは，クライエントの抱える問題によっても異なりますが，「治療目標」「治療の形態」「治療のペース」「料金」などが話されます。この中では特に「治療目標」が終結と深く関連し

ます。
　発達障害事例の場合は前述のように，当初の主訴としてはいわゆる「問題行動」「気になる行動」があげられます。ここで重要となるセラピストの態度は，主訴にあげられた問題について，詳しく丁寧に聴くことから始めることです。そして，その行動の理解の枠組みとして，背景にあるクライエントの障害を示していくことが必要となります。
　そのうえで，初めて治療目標が共有できる基盤が整うといえるでしょう。そして，その治療目標を実現するための具体的な手段が理解されて，治療契約が成立することになります。

3 ●発達障害事例の心理療法の内容

　ここまでの関わりは主として親との間で行なわれることが中心となります。しかし，本格的に心理療法が開始されると，引き続きの親への援助とともに，クライエント本人への関わりも重要となってきます。発達障害事例に対しての心理療法のおおよその内容は以下のような要素が含まれます。

（1）クライエント本人に対しての内容

①クライエントの発達の評価
②クライエントの発達課題への取り組みの援助
③日常生活のストレスの緩和
④肯定的自己イメージの形成を目指した援助

（2）クライエントの親に対しての内容

①「問題行動」などの意味の理解への援助
②親の障害受容への援助
③クライエントの発達の状態を把握し，親との共通理解の促進
④クライエントの心理的状況の理解の促進と環境調整
⑤クライエントの肯定的将来イメージの形成を目指した援助

　これらの一つひとつの内容の詳細については本節では触れませんが，神経症などの心理療法とはやや色彩が異なることがおわかりいただけると思います。
　その特徴をまとめれば，発達障害事例の心理療法は，クライエントの年齢とともに，また発達とともに，その課題が変化していくところにあります。幼児

期には幼児期の課題が，児童期には児童期の課題が，青年期には青年期の課題が，それぞれ適応するべき環境の変化とともに，またクライエントの内的な成長とともに変わっていくということです。

4 ●発達障害事例の「終結」

終結は，治療目標が実現できたときということは前に述べました。神経症などの治療においては，主訴として示された問題が解決できれば終結を迎えることになります。もちろん，それぞれ事例の特徴がありますから，他節を参考にしていただければ，と思います。

発達障害事例の心理療法は，前述のようにクライエントが迎える時期によってその治療目標が変化していきます。その際に，クライエントと親に対して，現在どのようなことが課題であるのか，これからはどういったことを視野に入れていかなければならないのかについて段階ごとに伝えていかなければなりません。

つまり，治療目標が変わるごとに，治療契約を行なうことになります。そして，ある段階の治療目標が実現できれば，その段階の終結を迎えると考えることができるわけです。もちろん，事例との関わりは続くわけですから，ここでいう終結は，事例との別れを意味するものではありません。同じセラピストが継続していくことによって，親やクライエント自身にとっても，一貫して診てきてもらっていることへの安心感や信頼感は大きな援助の要素ですから，その意味では終結とはいえないかもしれません。

ただ，ここであえて段階ごとの終結と考えようとしているのは，それが発達障害事例の心理療法にとって重要な意識であると思われるからです。発達障害事例の心理療法は，その特性からいって長期にわたるものといえます。最初に出会ってから非常に長い期間を共有していくわけですが，ともすればそこに「なれ合い」的な雰囲気が生じてしまう危険性があります。

この「なれ合い」は，セラピストにも生じる可能性がありますが，親やクライエントにも生じるおそれがあります。なれ合いが続くと，治療がマンネリ化していきます。マンネリ化すると，当初の問題意識や，よりよくしようという意欲が低下していきます。こういった意欲の低下は，クライエントのもつ可能

性を拡げていくことに大きな障壁となる場合が少なくありません。

　常に障害を抱えてさまざまな問題に取り組んでいくことは，クライエント自身や親にとって非常に大きなストレスが継続的にかかっているものです。そういったストレスを緩和しつつ，新たな課題に取り組んでいく意識を保持していくことを援助することは，発達障害事例への援助の中でも重要なポイントであるといってもよいでしょう。

　そこで必要となるのは，常に新鮮で建設的な問題意識を明らかにしていくことです。そのためには，局面，局面ごとにクライエントやその環境の評価を行ない，その評価に従って課題を見出して治療目標をたて，その実現へ向けての治療契約を行ないながらステップアップしていく姿勢が求められるといえるでしょう。

　ここまで述べたことは，発達障害事例を一人のセラピストが継続的に関わることを前提としています。しかし，発達障害事例を扱う機関によっては，対象とする年齢に限度を設けている場合もあります。また，セラピストの事情などによって長く継続できなくなることもあります。

　そういった場合にも，一通りの段階が終結したときに次の段階の課題などに応じて，他機関を紹介したり，交代するセラピストへの引き継ぎを行なったりすることが求められます。そのときの区切りを適切に判断するということからも，段階ごとに治療契約と終結があるという考え方は重要な示唆をもっているといえるでしょう。

　一見，終わりがないように見える発達障害事例の「終結」については，このように考えていくことが治療的にも意義深い概念となると考えられます。

〔川瀬〕

▶▶▶ 事例12　p. 155参照

2節
不登校事例の終結

1 ● はじめに

　筆者は，これまで医療現場や教育現場において小学生から高校生を中心とし

た子どもの心理療法に携わってきました。

　子どもの心理療法の意義は，何といっても発達途上の流動的な状態の対象に関わることにあるといってもよいでしょう。すなわち，子どもの心理療法を大人のそれと比較すると，前者では，根源的な問題への早期介入の可能性や，いわゆる「育ち直し」の可能性が後者より強く期待できる，といった特徴があげられます。そのため心理療法的・治療的関わりが，その後の人生のあり方を大きく変えるという事例も少なくはありません。その一方で，関わりのプロセスにおいても「発達」という視点を抜きにはできないことや，予後をかなり長期的なスパンで考える必要がある，といった特徴が指摘できるでしょう。

　以上のような特徴を踏まえ，本節では子どもの心理療法において出会うことの多い不登校事例について，その終結の意味を考えてみたいと思います。

2 ●不登校事例の終結の指標

　河合（2003）は，心理療法の終結のための指標として，次の2点をあげています。

　①主訴の解決，悩みの種であったことが解決，解消する，症状が消失する。
　②セラピストがクライエントの心理的課題と考えていたことが達成できる。

　これらは，あらゆる心理療法に共通するものと思われますが，不登校事例で考えると，①の主訴の解決は，再登校を果たすことであり，②のクライエントの心理的課題の達成には，安心感の獲得や，親子関係の再構築，新しい環境への適応などが考えられるでしょう。①と②の両方がクリアされた場合，終結はごく自然で，クライエントにとってもセラピストにとっても受け入れやすいものです。しかしながら，実際の不登校事例では，②の心理的課題の達成が遂行されていなくても，①の主訴の解決によって，その後しばらく安定した状態が続けば終結となることがほとんどなのではないでしょうか。不登校という現われは，その背景にある問題の氷山の一角のようにたとえられることがありますが，それでもなお，不登校状態にあったクライエントが登校を果たす，あるいは新たな進路を決定することはクライエントにとっても家族にとっても大きな意味をもち，円満終結はごく自然な流れと思われます。

　一方，セラピストにしてみても，特に初心者の頃は，クライエントの再登校

を治療の大きな成果と感じるものです。また少し経験を積んだセラピストであっても，クライエントの心理的課題の積み残しを承知しながら，ほとんどの事例において一度は終結を迎えることになるでしょう。もちろん，セラピストとクライエントが互いに積み残しの課題を自覚し，課題達成を目指す事例の場合もあるかと思います。

3 ●急がされた主訴の解決

　不登校事例では，経過中に子どもが自分の不登校が家族関係にもたらしたマイナスの影響を，「お母さんは僕を嫌いになったみたいだ」「私のせいでお父さんとお母さんがよく喧嘩するようになった」「弟まで学校を嫌がって，お母さんが毎朝困っている」などと表現することがよくあります。これは子どもが，問題を生じている自身を周囲に迷惑をかける困った存在，あるいは罪な存在と捉えやすいことのひとつの表われと思われます。しかし，このような子どもの気持ちを考えますと，再登校という主訴の解決を手放しでは喜べない気がします。というのもすでに述べたように，こういった問題はクライエントである子どもが発達途上にあり，未だ流動的で，変化の可能性が高いことや，予後を長期的に考える必要のあることと深く関連していて，たいへんむずかしい問題であると思われるからです。また心理療法における見立ての重要性が問われる所以でもあるでしょう。

　誤解を避けるために述べておきたいと思いますが，筆者は子どもの再登校に意味がないと考えているのではありませんし，課題の完全な達成を目指すことがよい心理療法だと思っているのでもありません。実際，不登校中に子どもの対人関係にプラスの変化が生じたり，環境への適応力が促進されたりすることがあります。また，たとえ積み残した課題を抱えながら事例が終結しても，その後のクライエントの生き方と環境がうまく噛み合ったり，あるいはクライエントにとって人生のモデルとなるような人物との出会いに支えられたりして，いつの間にか課題が解決される事例もあります。

　しかしそれでもなお，筆者はセラピストは子どもが急がされて主訴を解決したり解消したりしなければならなかった，子どもなりの事情があった可能性を覚悟する必要があると思うのです。ごくふつうに考えてみても，学齢期の子ど

もには学期の始まりや終わりがあり，進級や進学があります。またほとんどの子どもには受験も控えているのです。周囲から取り残される思いが子どもに生じることは否めず，急がされるのには，これだけでも十分事足りる気がします。さらに家族関係も関わってきます。筆者の限られた経験においても，不登校中に自分の存在の意味について深く考えながらも焦燥感に突き動かされるかのように再登校を始める子どもが少なからずいます。ネガティブな捉え方かもしれませんが，セラピストは動き出した子どもを温かく見守りつつも，クライエントが背負うこういった現実を承知していることが大切なのではないか，と筆者は考えます。

4 ●クライエントからみたセラピスト

　子どもの心理療法において，クライエントである子どもにセラピストである大人はどのような存在として映っているのでしょうか。村瀬（1995）は子どもの心理治療における子どもからみた治療者像の重要性を指摘していますが，このテーマはクライエントが経過中にセラピストの前で自分の問題をどこまで出せるかといった問題や，ひいてはクライエントの抱える心理的課題がどの程度まで解決され，終結にいたるか，すなわちクライエントにとって急がされた主訴の解決や解消にならないか，といった問題とも関連していると思われ，非常に興味深いものです。

　たとえば母親が，クライエントである子どもに支配的であったり，クライエントの問題に対して過度に感情的であったりする場合，初回面接において，クライエントは，セラピストに事の詳細を訴え続ける母親の横で，このセラピストは自分の問題や自分の母親にどのように関わってくれるだろうか，自分をこの苦境から救ってくれる人間だろうかと，目の前にいるセラピストをじっと見つめることがあるものです。このような経験をもつのは筆者ばかりではないと思いますが，子どもの，中でも幼い子どもや苦境にある子どものセラピストをみる眼の的確さは，大人のそれをはるかに凌駕するものではないでしょうか。

　また，治療的関わりを通して，クライエントからみたセラピスト像が変容することはごく自然なことと思われますし，さらには経過中のクライエントの加齢，たとえば小学生だったクライエントが中学生になることによって，クライ

エントがセラピストに求める役割期待が変化することも考えられます。これはクライエントとセラピストの性が異なるときにより生じやすい現象かもしれません。

　では終結時のクライエントには，セラピストはどのような存在として映っているのでしょうか。終結といっても，さまざまな形がありますが，ここでは先に述べたように，不登校状態にあったクライエントが登校を果たす，あるいは新たな進路を決定し，その後しばらく安定した状態が続いたことによって終結にいたった事例で考えてみたいと思います。すると，筆者の経験では案外と子どもはあっさりと元気に，セラピストの前から去っていくことが多いように思われます。そんなとき，筆者は，少なくとも第一ステージの終了を実感します。

　ところで，この終結時のクライエントからみたセラピスト像は，次に述べるクライエントの再来というテーマにも繋がっているように思われます。すなわち，再来時にクライエントはどのような役割期待を抱いて以前のセラピストの前に登場するのかといったことです。

5 ●終結とクライエントの再来

　終結した不登校事例のクライエントが，再び不登校になってしまったり，登校を続けながらも行き詰ってしまったりして，以前のセラピストのもとを再訪することがあります。

　そもそもセラピストは，何か特別な場合を除いて，クライエントの予後を知ることはありません。したがって，クライエントが問題を再発していたとしても，以前のセラピストのもとに再来しなければ，セラピストは事例の終結時の印象をもち続けることになるわけです。「終わりよければすべてよし」というと少し乱暴になりますが，肯定的な印象が保たれる事例もあります。またその逆もあって，セラピストにとって長く後悔の残る事例もあります。クライエントの再来は，こういったセラピストが抱く終結事例への思い（ときとして誤解）を再確認，あるいは修正させてくれる機会になります。

　筆者にとって，少し大きくなったクライエントとの再会は，以前の関わりを懐かしく思う気持ちと，できることならば再会せずにいたかったという気持ちとが入り混じり，非常に両価的な思いを抱かせます。しかし，クライエントの

再来は，クライエントとセラピストが互いに，未解決であった積み残しの課題の解決に再挑戦できるチャンスであり，またセラピストにとっては，心理療法における課題や学びをもたらしてくれるチャンスにもなるものです。それはときにつらいことかもしれませんが，セラピストは目を背けることなくありのままを受け止めることが肝要と思われます。そして再来したクライエントが，今セラピストに求める役割期待はどのようなものであるかを見極めつつ，双方にとって有意義な再会にしたいものです。

このように考えると，クライエントの再来というものは，セラピストにとって，貴重でかつ歓迎すべき事態であるのかもしれません。　　　　　　　　　　［鈴木］

▶▶▶ 事例13　p.160参照

3節
学生相談における終結

1●学校内相談活動として規定される学生相談の終結

学生相談は大学という組織の中に位置づけられる組織内相談室です。また，4年という在学期間があらかじめ決まっている点や合計半年に近い長期休暇が存在する点（山木，1990）では，同じ組織内相談といっても産業分野などとはかなり性格が異なり，スクールカウンセリングなどの「学校教育相談」と同じ性質をもつともいえます。

このような組織内（学校内）相談活動としての学生相談における終結には大きく分けて以下の3つのパターンがあると思われます。

①来談学生の「問題」が解決して来談を終了する場合。
②カウンセラーの退職・休職によって面接が終了する場合。
③来談学生の卒業や退学によって面接を終了する場合。

このうち①や②のような終結は一般的によくあるものですが，一般の心理療法と学内の相談における大きな相違点は③のクライエントの所属問題であると思われます。本来的な終結である①の終結も，学生相談では時期を前後する形で「卒業」に合わせて行なわれることが少なくありません。すでに問題が解決しているにもかかわらず，卒業まで面接継続を望む学生もいる一方，期限まで

に来談者の「問題」が解決されていなくても，「別れ」を余儀なくされる学生もいるのです。

卒業・退学などによる別れの期限までに問題が解決していない場合，カウンセラーの関わる学外の臨床場面で面接を仕切り直したり，来談者の進学先や就職先にあたる相談機関や通いやすいクリニックなどに紹介したりすることになります。学生ともその点についてよく話し合う必要があります。

このように学生相談では，クライエントにとって必要な過不足のない相談面接回数というよりも，学年歴によってあらかじめ制限されている回数の面接が構造上規定されがちです。

2 ● 心理療法の目指すものと学生相談の時間的・空間的枠組み

しかしながら，来談者の抱える問題が全面的に解決することは，期限が外的に規定されていない面接でもむずかしいことかもしれません。終結をテーマにした本著に共通の問題意識は，その点にあると思います。

そもそも面接では何を目指していくのでしょうか。アプティカー（Apteker, 1995）は，「社会福祉的な援助関係では問題解決に焦点が置かれるのに対して，心理面接の枠組みでは問題解決よりも人そのものに焦点が置かれる」と述べています。一概に心理療法といっても技法による差異はあります。たとえば，システムズアプローチではより問題解決が重視され，人間関係学派では「出会い」が何よりも大切にされます。来談者の側にとってはどうなのでしょうか。来談者に差し迫って解決を望む「問題」がある場合は来談者の「ニーズ」に答えていく姿勢は無論大切でしょう。また，しかし，青年期にある学生との面接を考えたとき，何よりも人との「出会い」を希求している場合が多いと思われます。カウンセラーとクライエントの「出会い」そのものに重きを置いたとき，関係性とともに「いかに出会うか」「いかに別れるか」はとても重要なこととなってきます。

学生相談における入り口の仕事としては，それぞれの大学に入学した学生がその大学にアイデンティティをもち，学生が求める学問や知識を身につけることを援助し，人間性の発達を促進する（藤岡，1997）ことがあげられます。この時期，大学生活への適応がまず重視されるのです。一方で，出口として卒業

間際に重視されるのは社会人としてのアイデンティティを準備することである場合が多いのです（鶴田, 1995）。

鶴田（1995）は学生相談における時間について「面接という時間的枠組みは生簀のようなものである。学生という魚は面接という枠組みによって一時的に保護されるが，面接が進展するにつれて大学キャンパスの時間的枠組みという川に出てゆき，そしてやがては社会という海に出てゆく」と述べています。これを時間のみならず空間も含めたニュアンスで表現し直すと，学生相談では，クライエントは相談面接という内枠とそれを守る大学という外枠によって二重に社会という外海から守られているのです。内枠を「中断」や「終結」によって離れても，外枠の中にいる限り必要なときに内枠に戻ることはしやすいのです。しかしながら，いかに二重に守られた内枠の内部にあっても大学という外枠から出なければならなくなった場合，内枠の守りも同時に失うのです。

このように，組織とクライエントとの関係の終了に基づいて相談も終結に帰する組織内面接室の相談構造は，面接の進展や挫折が直接中断および終結に結びつくことの多い一般の相談構造と大きな違いがあると思われます。

この特徴について，次項では中断の残す可能性の大きさ，専門性のあいまいさ，終結のあいまいさとそれらを乗り越える工夫を取り上げて述べてみたいと思います。

3 ●学内面接における中断の残す可能性

このように学年歴という時間的制限が存在することは，必ずしも不自由な点ばかりではありません。たとえば卒業期では時間制限の意識によって洞察が進みやすく（鶴田, 1995），また学年歴によりあらかじめ用意された「休暇」や「別れ」であるために，カウンセラーに対する見捨てられ感や攻撃性は生じにくくもあります。

こういった相談構造的な性質から，中断についてもカウンセラーとクライエントが全く縁が切れてしまうことを意味しません。あくまでも組織に所属し続ける以上，よほどそのカウンセラーに悪感情や失望を抱いたのでない限り「何かのときにはまた行こう」という感覚をもちやすいのです。終結や長期休暇に基づくクライエントの不安や怒りもカウンセラーに向きにくいようです。

このような相談構造の特徴から学校内相談では成し遂げたことと同時に失敗も見えにくく，カウンセラーの仕事はあいまいになりがちかもしれません。このあいまいさはカウンセラーの専門性を薄めることになりかねませんが，本来「相談構造」の流動性と拡がり，あいまいさが増すほど，ある意味相談担当者の専門性が問われる（元永，2003）のであり，担当者の自己点検が大切かと思われます。

　学生・生徒との面接では，卒業前に終結にいたった学生に関してはいつでも面接の再開の可能性はあります。逆に，終結しないままに卒業してしまったクライエントについてはなかなかむずかしい問題が残ります。卒業後も同じ相談室において面接を継続しても，在校時の面接と卒業後の面接とは構造が異なってしまい，卒業後に無料で面接を続けることが依存を強める可能性もあるのです。

　学生相談では夏，冬，春に長期の休暇が入ります。同じ学校教育相談でも中・高の校内相談に比べてこの休暇の時期が長いのです。この時期，相談面接も中断になることがよく起こります。筆者はこの長期休暇の扱い方について論考したことがあります（渡部，2001）。面接維持の工夫として休暇直前の面接の再開に関する伝え方は休暇明けの面接を左右します。休暇前の伝え方によって休暇明けにきっちり面接が始まる気持ちのよさはなんともいえないものです。しかしまた，いくつも事例を重ねるうちに，さほど力まずに「よいお休みを，また何かあったらいつでもどうぞ」とゆったりと伝えておくだけでも，必要な学生は必ず面接に戻ってくるのだと実感するようにもなりました。どちらの場合もカウンセラーが学年歴という時間の枠組みとほどよくつき合い，学校という「面接を守る外枠」を意識する必要があります。

4 ●心理療法における終結の重み

　終結は心理面接のひとつのクライマックスです。終結をお互い目に涙をうかべつつのさわやかな別れ（松木，2004）にできるかどうかは面接の積み重ね方にかかっているともいえます。

　スポーツ選手が，厳しいトレーニングの成果を形にする爽快な瞬間をオリンピックなどで目にしますが，私たち心理臨床の仕事に携わっている者にもその

ような爽快感や感激はあるのでしょうか。この仕事の場合，爽快・感激は「一瞬」というよりもう少し静かな時間として，この終結の時間があるように思われます。一回一回の面接の中にも小さな感激はありますが，もう少し大きな流れの中ではその感激もかき消されてしまうこともあります。「いかに生きるか」が「いかに死ぬか」と同じことであるように，「いかに面接がなされたか」が「いかに終結するか」に集約されるのではないでしょうか。

5 ●卒業によるあいまいな別れと終結

　学生相談における面接では，4年間，場合によってはそれ以上の長い期間継続し，いくつもの山場があったにもかかわらず，卒業期のごたごたの中でなんとなく別れてしまう事例もあります。そういった場合，カウンセラーは少し残念な思いをもちながらも，卒業者名簿にその学生の名を確認して安堵することとなります。授業がある時期における来室の気軽さとうらはらの長期休暇における地理的疎遠さも大きく影響しています。こういった面接構造の甘さに目くじらを立てて，カウンセラー側の満足のために呼び出しまでして「終結面接」という儀式を強制的に設定するのは筆者には抵抗があります。もちろんしっかりした別れを言葉にできることはクライエントにとって大きな成長になるとは思うのですが，卒業後しばらくたってからお礼の手紙を受け取る幸せもあります。卒業後に挨拶に来てあらためて「終結」を行なうクライエントもいます。面接の記憶が大学時代のなんとなくよい思い出に吸収されるのもそれもまたよいのではないかと思います。

　一人ひとりの学生がどんな卒業や終結（別れ）のしかたをするのかは，学生本人のもち味と成長の度合いに任せています。しかし同時に，せっかく始めた面接であるならば，お互いにとって少しでもよい「終結」を迎えたい気持ちもあります。その思いから学生相談におけるカウンセラーは卒業の時間制限や長期休暇の中断といった相談構造上の特徴をかなり意識しつつ，見た目はのんびりした様子で面接を重ねていくことになるのです。

[渡部]

▶▶▶ 事例14　p.166参照

4節
被虐待児の心理療法——児童福祉の現場より——

1 はじめに

近年，児童虐待の増加に伴い，家族からの分離を余儀なくされた子どもたちの受け皿として，児童福祉施設の役割に注目が集まっています。現在では情緒障害児短期治療施設のみならず，児童養護施設，児童自立支援施設，母子生活支援施設にも心理職を配置する試みがなされ，心理療法のあり方が模索されています。山上（2001）は，10年にわたる一養護施設の実態調査により，養護児童の多くが心理的適応に関わる多様で深刻な問題を抱えていることを明らかにし，幼児期の不適切な養育は，発達過程においてその心理的影響を変容させていくと述べています。養護児童が長期に施設滞在する場合などは，その過程でいくつもの発達課題に直面し，次つぎと問題行動を引き起こし，心理臨床家がどこまでフォローすべきなのかという判断がむずかしくなります（廣藤，2002；坪井，2004）。人生の最早期に重篤な虐待を受け，家族を失った子どもに関わる場合など，心理治療はいわばエンドレスといっても過言ではありません。本節では児童福祉施設における心理療法を取り上げ，発達臨床の視点から，中断や終結について論じてみたいと思います。

2 こころの発達に沿った心理療法

ここでは数名のクライエントを例にとって，終結や中断について考えたいと思います。

（1）終結がトラウマになる

児童福祉施設に措置されてくる子どもたちは，エリクソンのいう基本的信頼感の欠如という問題を抱えていることが多いために，恒常性の感覚が容易に揺らいでしまいます。

　事例①クライエント：大輔　6歳
　主訴：身体接触を伴う遊び，夜尿
　家族：大輔は4人きょうだいの第2子。両親に養育能力がなく，母親の入院や出産のたびに，家族から切り離されました。まず0歳で児童相談所の一時保護を経

験し，2歳で父親の友人宅へ預けられ，3歳で再び一時保護を経て，児童養護施設へ措置されました。その後母親が行方不明になり，父親に引き取られましたが，養育が困難であったため4歳で別の施設へ預けられました。入所後は棟の移動が一度あり，さらに愛着関係を築いてきた担当職員が2人も退職したことが，見捨てられ体験となってしまいました。
現状：大輔は同じく施設に入所した姉や弟と，過剰な身体接触を見せるようになりました。セラピーが開始されてまもなく症状は消失しましたが，このような大輔の行動は，乳幼児期からのめまぐるしく変わる環境と養育者との関係の脆さからくる不安や混乱をまぎらわすものであると考えられます。

事例②**クライエント：恭子 4歳**
主訴：極度の緊張，遺糞，チック
家族：恭子は3人きょうだいの末っ子です。父親は，恭子がお腹にいた頃には母親と子どもを捨てて，行方不明となっていました。母子寮に身を置いた母親は恭子を生んですぐに「かわいらしくない。自分の子とは思えない」と恭子を拒否し，生後1か月もしないうちに恭子を乳児院に預けました。その後，一度も実親に引き取られることなく，2歳のときに児童養護施設に入所しました。恭子は施設以外の家を知りません。入所後，3歳のときに棟の移動と担当職員の交代を経験しました。
現状：恭子は施設の行事で登場したサンタクロース（施設長が扮していた）に脅えたり，玄関に訪れた郵便局員や宅急便業者の前で身動きができなくなったりしていました。基本的信頼感の欠如が，恭子に外界に対して恐怖心や警戒心を強く抱かせていると考えられます。

　大輔や恭子のような乳幼児期の重要な他者との分離体験は，対象の恒常性を揺るがし，他者との関わりの土台や自我の育ちを阻害するといわれています。また，虐待や養育者のたび重なる交代などの不適切な養育環境に育ち，過去の経験や記憶を共有する養育的他者が不在なまま施設で暮らすことになる子どもの場合，自己の同一性や歴史性の発達が阻害される危険性が高いことも指摘されています（松尾・山上，1998）。
　大輔や恭子のように幼児期の分離体験やマルトリートメント（不適切な養育）による基本的信頼感の欠如が事例の根底にある場合，終結は「基本的信頼感の確立」を成さずしてはむずかしいといえます。言うは易し行なうは難しですが，セラピーの枠を守ることに加えて，セラピスト自身が対象としての一貫性を保つように努力が払われなければなりません。しかし，退職などの諸事情によりセラピーを中断しなければならない場合や，セラピストの交代という事態を招くことも多いと思います。この場合，セラピストとの分離が更なるトラ

ウマとなる危険性が十分にあります。

　愛着対象となったセラピストとクライエントとの分離が予測される場合には，できる限り早期にクライエントに事実を伝えることがよいと考えられます。この場合，クライエント側に実親に対する感情が喚起され，見捨てられ不安や捨てられたことに対する怒りの感情が生じることが予測されます。また，別れの事実を否認し躁的防衛で自我を守るクライエントや，一時的に抑うつ状態に陥るクライエントもいます。分離時のクライエントの反応のしかたはさまざまですが，分離に伴う怒りや悲哀をどれだけセラピストと共有できたかが，その後の情緒発達へのステップとなると考えられます。喪失による悲しみを時間をかけて意識化し表現できるクライエントのほうが，より予後がよいことを筆者は経験的に感じています。

(2) 中断の意味

　虐待を受けた子どもの治療過程では，外傷体験をふり返り，意識の中に収める回復的アプローチ（Gil, 1991）が必要であるといわれています。しかし，外傷体験の想起は痛みや苦しみを伴うもので，自我が破綻する恐れを生じさせる危険性をはらんでいます（西澤，1994；奥山，1997；増沢，1999）。

　　事例③クライエント：楓　12歳
　　主訴：感情の爆発，激しい暴言
　　家族：楓は統合失調症の診断を受けた母親と，人格障害と診断された父親とともに生活していました。母親の家出や精神不安定が理由で，楓は2歳から11歳の間に計6回の児童相談所での一時保護を経験しました。父親の母親への暴力と，母親の楓への暴力が頻繁に生じ，楓は11歳で児童養護施設に入所しました。母親の感情の爆発の様子は相当のものだったと伝えられています。
　　現状：施設に入ってからの楓は母親を映したように暴言を吐き，暴力をふるい始めました。セラピーに訪れた楓は，セラピストに対しても「うっさい。きしょい。黙れ。出て行け」と叫び，次の瞬間には幼児のようにセラピストに甘えるといった状態でした。

　セラピストは楓のどうにもコントロールできない衝動を，言葉にして解釈しようとしました。しかし楓はセラピストの言葉をさえぎり続けました。中学生になった楓の問題行動は拡大し続け，楓を別の施設に移す話も出てきました。セラピストはその瀬戸際で「楓ちゃんはここ（施設）にいたいと思っているのに，自分で自分を止められなくて，どうしようもなくてとてもつらいんだね」と解釈します。楓は「気持ちなんかわかるわけはないのに，そうやって決めつ

けるやつが一番嫌いじゃ」と言い放ち，二度と面接に来ることはありませんでした。

> **事例④クライエント：孝　16歳**
> **主訴**：物忘れが激しい，無気力，不登校
> **家族**：孝は小学 2 年生時に継母から虐待を受けました。継母は食事を与えず家から締め出し，衣服の世話も怠りました。さらに殴る蹴るの暴行を加え，孝はあざをつくって学校へ登校するようになりました。孝が夜になっても家の外に立たされているのを近隣の人が見かねて児童相談所へ通告し，孝は施設へ入ることになりました。
> **現状**：孝は高校生になるまで大きな問題行動はみられず，自分が受けた虐待を想起することもありませんでした。しかし，高校 1 年時から物忘れが多くなり，人との約束やエピソード的な記憶が欠如し，対人関係に支障を来し始めるとともに非常に無気力となり登校もできなくなりました。

面接では，孝のトラウマに焦点を当てることよりも，不登校によって進級できなくなるかもしれない現状を打開することを優先しました。面接の前半では遅刻やキャンセルが続き，時間中もあくびばかりしていましたが，筆者は極力受容的に受け入れるようにつとめました。孝はしだいにものごとを「忘れてしまう自分」を意識し始め，学校への登校がスムーズにできるようになり，面接に来なくなりました。筆者は「また何かあったら再開できるよ」と告げました。

その後，孝は虐待に関するドキュメンタリー番組を見たことで，「自分が親になって虐待を再現してしまったらどうしよう」という不安に駆られ，2 年ぶりに自らセラピストに面接を申し込み，相談室を訪れました。虐待体験をふり返り「あの頃のことは10年間一度も話したことがなかったなぁ…でも忘れたことも一度もなかった」と話し始め，「（虐待の記憶が）いつもここ（喉を指さして）のところにあった。でも出なかった」と虐待を想起することのつらさを言葉にし，10年前の家族をふり返り始めました。

被虐待児の治療に当たっている増沢（2002）は「被虐待児への治療はトラウマからの回復に強調点が置かれやすいが，心の傷を受け止めるためには，それに耐え得る十分な心の発達が必要である」と述べ，藤田（1998）も外傷体験の想起に関して「外傷体験にこちらから接近していくことは更なる心的外傷を負わせる危険性があり，外傷体験を扱うかどうかは本人が決めることだ」と述べています。楓の面接では解釈が性急で侵入的であったことは明らかです。楓の

面接の中断は，楓自身が自分の脆弱な自我を守るために，やめざるを得なかったものだといえます。

　一方，孝の面接では，不登校や物忘れの症状の根底には，虐待によるトラウマが潜んでいたと思われますが，その時期の面接では家族関係にはほとんど触れることがありませんでした。しかし，不登校を克服し，高校を卒業した孝は，自分の虐待体験を想起し始め，面接が再開されました。過去を思い出し，受け止められるだけのこころの成長が孝に訪れたのだということがいえるのではないでしょうか。

　損なわれた発達課題を獲得していく過程は，そのクライエントが現在どの時期を生きているのか（児童期なのか，思春期なのか）が大きく関わってきます。この課題と時期の組み合わせによっては，面接が中断し，セラピストが納得できるような終結にいたらない場合があります。しかし，クライエントがその時どきでセラピストと出会い，面接を行ない，中断をくり返しながらでも，最終的にそれがクライエントの人生の中で，一本の道のりになっていればよいのではないかと考えています。　　　　　　　　　　　　　　　　　　　　　　[築地]

──────▶▶▶ 事例15　p.170参照

第4章 終結と技法

1節 プレイセラピーの終結

　プレイセラピー（遊戯療法）は，子どもを対象とした心理療法のうち，遊びを媒介にして行なわれる療法です。どのように実践していくかについては，セラピストの立場によって異なりますが，共通するところも少なくありません。本節では，プレイセラピーの終結をめぐって，いずれの理論的立場にも共通すると思われる課題とそれを乗り越える方法について検討してみたいと思います。

1 ● プレイセラピーの特質

　終結に関わる課題などを述べる前に，プレイセラピーの大まかな枠組みについて少し触れておきたいと思います。

（1）遊びの意義

　プレイセラピーの遊びを媒介とする意義は，大きく2つあると考えられます。第一は，子どもにとって遊ぶこと自体に自己治癒的な意味があるということです。遊びとは，そのこと自体が目的として行なわれる自発的な活動であり，遊びをとおして，自分のあるがままの感情を表現し，イメージを拡げ，想像力を豊かにしていくことができます。また，子どもは遊びながら，発達に必要な外界と内界の統合が促されるとともに，社会性を育んでいくといえます。

　第二は，遊びはセラピストとクライエントである子どもとの間に，望ましい

人間関係を形成するための有効な手段になるということです。一般に，セラピストとクライエントの間に治療的な人間関係を形成するには，両者の間にある程度の親密なコミュニケーションが成立する必要があることはいうまでもありません。しかし子どもの場合は，大人と比較して言語が未熟であり，十分なコミュニケーションが成立しにくくなりがちです。その点，遊びは大人の言語に代わるものとして，子どもが伝えたいことを象徴的に表現できる手段となるのです。また象徴的な表現自体にも，治癒的な機能が認められます。

(2) プレイセラピーの理論的立場

遊びの治癒的機能は，信頼できる大人によって遊びの世界（枠組み）が保証されることを前提に発揮されます。それは逆にいえば，セラピストには，プレイセラピーにおける子どもの自己治癒的な機能をうまく引き出すための理論と技法が求められるということになります。

プレイセラピーの理論的立場は，児童分析，関係療法，非指示的療法，その他の4つに大別されると考えられます（東山，2004）。ただし現実的には，北村（1992）が指摘するように，「遊戯療法を行っている者の立場は治療者の数だけあるといわれているほどの拡がりをもっているのも事実」です。

それぞれに立場の違いはあるものの，たとえば，ロジャーズ派（児童中心の立場）のアクスライン（Axline, 1947）が提唱した8原則は，わが国では遊戯療法の基本として広く受けいれられています。またプレイセラピーの実践においても，東山（2004）が指摘するように，どのような立場の技法であっても基本的に大差はないといえます。これらのように，ある程度の共通理解・技法が成り立つとすれば，終結をめぐる課題とそれへの対処方法についても，理論的立場の違いを超えて共通することを整理することも可能であると考えられます。

2 ●プレイセラピーの終結をめぐる課題

(1) プレイセラピーの展開過程

終結をめぐる問題点や課題をみていくにあたって，まずはプレイセラピーの展開過程と終結段階の特徴について確認しておくことにします。

一般に，プレイセラピーの展開過程は，他の心理療法と比較して特に大きな違いはないと考えられます。すなわち，名称の違いはあるにしても，プロセス

全体を4つに区分して，第一段階（導入期），第二段階（展開期），第三段階（洞察期），第四段階（終結期）というように位置づけることができます。

したがって，プレイセラピーの終結段階も，一般的な心理療法の過程における終結段階の特徴がおおむね当てはまると考えられます。心理療法において，終結を誰が決めるかということについてはさまざまな考えがあります。来談の申し込みや終結もクライエントの意思に委ねるとする立場，クライエントとセラピストが共同で決めると考える立場，終結の判断はセラピストの専門性に関わる問題としてセラピスト主導で決める立場など，各セラピストの依拠する考えによって異なっています。

ただし，プレイセラピーではクライエントが子どもであるため，終結時期の決定については，他の心理療法とは異なった様相を呈する場合が多いと考えられます。高野（1988）は，プレイセラピーの終結について，「遊戯療法の進展につれて，否定的感情が十分に表現され，それが治療者によって完全に受容され，解釈され，洞察に達するようになれば，現実的で協調的・親和的な感情が示されるようになってくる。終結の時期の到来を意味するものである」としています。そのうえで高野は「しかし，精神的健康を正確に定義するのは困難であるし，遊戯療法の結果としての改善は相対的な問題でもあるので，治療終結の時期を決定することはむずかしい」とも述べています。

たしかに，子ども自身が意識的に自分の問題や内面を洞察し，終結の意思を表示することはなかなか困難であると思われます。筆者としては，プレイセラピーにおける終結の最も大きな課題は，終結の時期を，セラピストの側がいくつかの要件に基づいて模索していかなければならないところにあると考えています。時として，子どものほうから終結を告げてくることもありますが，その場合もセラピストが直面する課題は本質的には変わらないと思われます。

(2) 終結をめぐる問題点と課題

終結時期を決定するに際して，プレイセラピーには，先述のように独特の考慮すべき要素があります。さらに，セッションの多くが親子並行面接の形態をとるため，保護者の意思や家庭の状況に大きな影響を受けることも多いと考えられます。

弘中（2003）は，プレイセラピーの理想的な終結は，①子どもの状態に何ら

かの変化が生じ，表に現われた問題状況が消失ないし改善されるということ②子ども自身でなくても，その代わりに親が子どもの症状の背後にあった本質的な問題に対するそれなりの洞察的認識を得て，状況を変えるための努力をするようになること③子どもがプレイセラピーの中で行なった象徴的表現を通じて，子どもの内面でさまざまな変化や成長があったことをセラピストが理解できること，という条件が満たされた場合であろうと述べています。

これらの条件が実際に現われる契機として，たとえばクライエントの関心がより現実生活上のことにシフトし，友だちと遊ぶ約束が急に入ったため面接をキャンセルするといった場合があります。これは現実生活のほうがプレイルームで過ごすよりも充実したものとなってきたことを表わしており，子どもが徐々にセラピストの支えを必要としなくなってきているとも捉えられます。また，親子並行面接の場合，セラピストが終結の話題を取り上げる前に，保護者側から先に提案されることもあります。しかしながら，弘中（2003）も指摘しているように，実際には，これらの条件がすべて整うことのほうが少ないといえます。

むしろ，終結の契機となるのは，教育臨床においては学年の区切りや進学，転居，あるいはセラピスト自身の転出といった外的な状況の変化によることが多いといえるのではないでしょうか。終結を迎えることに合意してからも，終結に対する子どもの意向と親の意向が異なっている場合には子どもから抵抗が示され，症状や問題行動が再び生じる「ぶり返し」現象が起こり，終結を延期せざるを得なくなることがあります。

また，心理療法過程における終結の課題のひとつが「治療過程に生じた強い転移をどのように終息できるかという問題」（伊藤，2004）であるとするなら，セラピストは子どもに対して毅然とした制限やあえて拒否的な態度を示さざるを得ないこともあります。その際，セラピスト側にもいわゆる「別れ難い思い」が生じ，終結を先延ばしにしたい気持ちが起こりがちです。もしもそうなった場合は，セラピストはクライエントとの別れ難い思いを処理し，断ち切る勇気をもつことが課題となります。

以上のように，子どもを対象とするプレイセラピーの終結は，なかなか一筋縄ではいかない独特のむずかしさがあります。

3 ●終結の課題を克服するために

　ここまで述べてきたような終結をめぐる問題や課題を乗り越えていくためには，終結が近いと判断したセラピストはクライエントとの関係を縮小・整理していくことを具体的に考える必要があります。そして，なるべく早くクライエントに終結に対するこころの準備をさせていくことが大切です。たとえば，終結に向けての計画立案にクライエントを参加させるといったことも考えられます。そのことによって，終結を先延ばしにしようとする要因となる「治療過程に生じた強い転移」を終息していきやすくなると考えられるからです。

　一方，セラピストの側にクライエントとの断ち切り難い思いが生じてきたら，多少の心残りの部分があったとしても，セラピストの責任は一応果たしたと考えるべきでしょう。また，いったん終結にできそうだが根本的な問題はまだ解決しておらず，今後更なる展開がありそうに思われる場合は，原則としてクライエントがまだ来談したいと思っているかどうかに委ねることが望ましいのではないかと思われます。

　終結を目前にして，いわゆる「ぶり返し」現象が起こり，症状の再発などによりクライエントが終結への抵抗を示すことがしばしばあります。その際，セラピストは原則として一貫した態度で臨みつつも，クライエントが納得できるようその気持ちに寄り添っていくことが必要となります。そこで話し合いなどの末，終結することに合意を得られたならば，いつかまた困ったことがあれば相談を再開できる旨をしっかりと伝えて，クライエントに別れる余裕も残しておくことが，他の療法と同様に大切です。

　特に終結の希望が保護者から提示され，しかも終結に対する親と子の意向にズレがみられる場合は，親の担当セラピストと子どもの担当セラピストがコミュニケーションを密にとり，終結に向けての支援方針を慎重に検討していく必要があります。その際，親と子の葛藤の図式が，それぞれの担当者間にそのまま投影されることがあります。そのような事態に対処しつつセラピーをやり抜くには，担当セラピスト同士の信頼関係が不可欠の前提条件となることはいうまでもないでしょう。

[岩崎]

▶▶▶ 事例16　p.175参照

2節
箱庭療法の終結

1●箱庭療法の有り様と技法について

　箱庭療法は遊戯療法やカウンセリング，心理療法の中で行なわれています。それは箱庭表現だけを単独にあるいは継続的に行なったり，セラピストがクライエントへいきなり箱庭に玩具を置くように強制的に指示したりする技法ではありません。砂箱とミニチュア玩具（アイテム）は，さりげなく面接室や遊戯療法室の一角に置かれています。面接や遊びが始まり，その流れがおおよそでありながらもセラピストとクライエントとのこころの相互的関係によって支えられるようになると，クライエントは自発的に砂箱やアイテムに関心を向けるようになります。あるいは，面接場面で言葉によって深い悲しみ，怒り，不全感などの感情的，感覚的世界を語ることに行き詰まるときに，セラピストはクライエントへ「箱庭に何か置いてみられますか，表現してみられますか」と軽く声をかけてみます。そしてクライエントがためらいがちにアイテムを選び，砂の上にそれらを置き，ある景色・場面の構成や遊びが始まれば，箱庭表現がうまくスタートしたことになります。

　セラピストは，クライエントの表現をイメージとして穏やかに見守り，作品を味わう感覚で対応します。作品については性急に説明を求めたり，解釈を与えたりすることなく，今後のイメージの広がりや深まりの展開を待ちます。そしてクライエントに，「これからも箱庭表現をしたい気持ちが生まれてきたときには，表現なされてみるといいですね」との言葉を添えておきます。セラピストはクライエントの症状や心理的課題，環境・状況因を，イメージ表現に安易に結びつけたり照合することなく，そこで表現されているイメージをできるだけ自由に受け入れていきます。つまりセラピストは，イメージから症状やこころの課題についての意味，文脈を一義的に見て取ろうとしないでイメージはイメージに任せておくように心がけます。そしてセラピストのこころの中に受け入れられたイメージが自ら語りかけてくるまで待ってみることになります。

　箱庭への表現がないときは，言葉による面接がなされ，子どもの場合は遊び

がなされます。つまり心理療法全体の流れの中でクライエントのイメージの自由な動きを最大限に尊重し、イメージ表現を無理にくり返したり、その継続を意図した技法でないことをセラピストは心得ておかなければなりません。よって箱庭療法とは、何事も言葉を介さないで砂に触れたりアイテムを置き構成していくものではなく、言葉にはできないイメージを尊重するのと同様に、語りやプレイ、夢、態度、表情を大切に実感をもって扱う許容度のある技法といえます。こうした技法、観点からは、箱庭療法独自の終結について考えたり論じたりすることは無理なことといえます。箱庭療法の終結は、カウンセリング、心理療法の過程の中の終結に含まれていると考えたほうが無難といえます。そこで広義の心理療法過程を踏まえたうえでの箱庭療法の終結について、以下で検討することにします。

2 ● 箱庭療法の終結をめぐっての「終結箱庭」について

河合（1992）は、心理療法序説の第10章で「心理療法の終結」について論じています。そこでは、箱庭療法の終結については述べられていませんが、イメージを中心に扱う心理療法（夢分析、遊戯療法）について、夢分析では「初回夢の重要性についてはよく知られているが、終結夢（termination dream）という人はあまりない。しかし、筆者は終結夢という現象は相当にあるし、注目すべきことである、と思っている」と述べています。そして印象的な終結夢の例を示し、その意味と意義の検討がなされています。また遊戯療法についても「終結プレイと呼びたいような終結にふさわしい遊びが行なわれるときがある」とし、プレイにおいても「夢の働きと同様な心の働きが生じていると見ていいであろう」と述べています。

ここに筆者は、心理療法における「終結箱庭」を入れてもよいと思います。つまり、河合の述べる心理療法における夢、プレイの終結とほぼ同義のこととして終結箱庭を考えるということです。

終結箱庭は、心理療法を終えるときの箱庭表現に限ってということではなく、暗に心理療法過程の中で終結を、あるいは明確に終わりを示唆する箱庭表現といえます。たとえば子どものクライエントでは「もう十分に箱庭で遊んだ。次はやらないよ。友だちと遊ぶことにした」と語ったり、「おしまいの題で作っ

たよ」ということがあります。また，大人のクライエントでは，こころの世界を表現していく中でイメージとしてのおさまりがついた場合，クライエント自身が「納得のいく全体的なイメージが得られた」という場合，これまでの心理療法過程の推移やそこで扱われたこころの課題や内容がセラピストの印象把握として「全体的に俯瞰できるもの」として置かれた場合，断続的に表現された作品を継時的なシリーズとして眺めるときに，こころの物語の展開の「終盤，幕引き」と「新しい物語への幕開け」といえる表現が終結箱庭とよべます。

　これらの終結箱庭はセラピストの「一山越えられた。一仕事終えられた」という直観的な印象把握や，クライエントの「ここで一区切りつけていい感じです」との語りによっても得られます。このように終結箱庭は，心理療法の推移と展開，その終結についての「終結夢」「終結プレイ」と同様に扱うことができます。

　箱庭表現は，語れること・語れないことの過去や現在，未来までのイメージをかなりの自由さで，ひとまとめにして三次元で構成することができます。そのイメージの意味世界は多義的であり，置く行為としての作品化の体験は相当に非日常的なこととなります。これらは心理療法が人生の課題に向き合い，これまでのさまざまなこころの傷の痛みを追体験しながらイメージをとおして直視し，抑えられていた無意識の感情，観念と出会い，これらを洞察しながら新たなこころの働きを受け入れていくことと重なるものです。

　言葉を中心にした心理療法では，クライエントが本当にかけがえのない自分自身へと変容していく個性化の過程は，ややもすればつかみにくく，拡散しやすいものです。個の変容の世界はなかなか言葉にできない未構成なイメージに包まれており，言葉以前や言葉を越えたイメージの世界，その雰囲気，気配，リズム，何らかの未来への兆候は語ることがたいへん困難なことです。こうしたこころの世界を，箱庭はうまく引き受けてくれます。未分化，未構成な感情，感覚的世界を表現可能とし，引き受ける場としての箱庭。そこにイメージが表現され，作品化されることは，クライエント自身の全体のありようが集約化されてくることになります。箱庭作品をクライエント，セラピストが一緒に眺め，味わい，語らうことは，セラピーにおける相互的な共通理解を深めます。

　箱庭への表現という営みは，イニシエィティブ（通過儀礼的）であり，内容

は宗教性，芸術性を濃厚に含むものといえます。またそこには，人生の豊かな創造性が息づいており，セラピストがこれまでのセラピーの時どきにクライエントについて見立てたり想像したり，感じたり考えた世界とは異なった世界の表現がなされます。特に終結箱庭では，語りつくせないほどの構成度の高い洗練された表現がなされ，感動させられることも多いように思われます。

このようなクライエントの表現の意外性は，不思議ともいえるもので驚かされますが，ここにセラピストとクライエントは，一致度の高い共通の新鮮な驚きを味わうことになります。私たちの人生の苦悩はこういうものであったかと感じ入り，深く考えさせられることもしばしばです。それは穏やかでありながらいくばくかの悲しみと，未来への可能性ある旅立ちを含んだ，余韻を残す体験といえます。

3 ●ほどよい表現といきなり表現
——中断を避け，ほどよい終結に向けて

箱庭表現やその作品は，セラピストによる「自由にして十分に保護された非日常的な面接場面の時空間（臨床の場）」を基盤にして生まれてきます。当然クライエントは，臨床の場におけるセラピストのあり方に支えられたり，何らかの影響を受けて好意や，反発を感じたり，救い手を見出したりして不安になったり安心したりします。クライエントが自発的に箱庭表現をまず試みようとするのは，これまでの面接においてセラピストがクライエントの語る（明確ではないものの）こころの課題や傷つきを，暗黙のうちに共感的に理解し受け入れられていると感じられたときに多いように思われます。これはたとえばクライエントのこころの深層にある不気味，恐怖，不安，怒り，悲しみをクライエント自身の自我がある程度の分別で受け止められる準備ができてからの表現であり，心理療法を有意義なものとしていきます。

しかし，ときに心理療法初回からいきなりクライエントから強く箱庭への表現が切り出されたり，言葉による面接中に理由を語らないままにクライエントが唐突に面接を断ち切って，箱庭表現への変更を求めることがあります。これは，クライエントの自我機能の不調や，エゴインフレーションと考えられる場合があり，注意が必要となります。セラピストがこうしたことに無頓着なま

ま安易に応じることは避けなくてはなりません。自我によって無意識の激しく混乱したイメージを受け止める準備が整っていない中での表現は，クライエント，ときにはセラピストの自我機能を無意識のイメージが圧倒し，脅かし，飲み込んでいくことになりやすいといえます。そしてセラピーは停滞したり，長期化したり，中断の危機を招いたりします。

こうした無意識のイメージが自我を極度に脅かすことは，クライエントに限られたことではなくセラピストにまで及びます。クライエントはセラピーに落胆し，セラピストはセラピーの行き詰まりによる抑うつ，身体的な不調を体験することになります。箱庭療法を行なえば必ず症状が消えたり，こころの葛藤，課題が解決できる，癒されるはずとの技法への過剰な期待感と幻想は有害なものといえます。またこのような，クライエントやセラピストの技法についての慢心は，心理療法，箱庭療法への現実的な吟味を欠いた妄信や，「イメージを表現しさえすれば何とかなる」との技法への万能的絶対視を生じさせ，クライエントの悪性の退行を招来する可能性があります。このようにならないように，研修と注意が求められます。

セラピストは，このようなクライエントからのいきなりの箱庭表現要求や語りによる面接からの唐突な変更には臆せず，穏やかに「言葉による面接へのあせりや，不満となることが，何かありませんか」とか「初回からの箱庭表現の希望には，何か相当に箱庭療法への期待をお持ちでしょうか」と尋ねてみることになります。クライエントの急ぎすぎるイメージ表現，その垂れ流しをセラピストが何も検討しないで許容することは，セラピーの枠組みを混乱させ，心理療法の停滞や中断を生みます。

また自我機能不全の状態にあると推測されるクライエントの場合の箱庭へのイメージ表現には，慎重さが必要となります。面接場面で語られないから非言語的表現でいけるとの判断は，一面的であり危険です。それは意識，無意識の両面において強く語ることへの厳しい断念が起こっていることが想定されるからです。こうした場合には，まずあせらず，面接場面での二者が安心して日常的に出会え，語らえる関係を築くことが先決となります。これはクライエントがイメージに触れ，それを受け入れ，検討できるようにクライエントの自我機能が現実的にはたらくという準備があってこそ，イメージ表現の実行とそれに

セラピストが関わることが可能になるからです。語ること，イメージ表現へのこころの準備ができていないクライエントに箱庭療法をすすめることは慎しまなければならないのです。こころの深い傷により，言葉やイメージの表現を厳しく断念させられた人，自身の混沌としたイメージに必死に耐えながらなんとかぎりぎりで生きている人がいることを，セラピストは想定しておくことが必要です。現実的な自我のはたらきを度外視したセラピーは，クライエントのこころをいたずらに刺激し，病理を引き出すことになり，日頃の配慮が必要となります。

[亀井]

▶▶▶ 事例17　p.180参照

3節
精神分析的心理療法における終結——生き残ることと終結——

1●はじめに

　フロイト（Freud, S.）により創始された精神分析療法は，治療対象の年齢や病態水準が拡大されたことから，その基本原則を保持しながらも技法を修正した，対面法での週1～3回の自由連想法的対話による精神分析的心理療法へと発展しました。

　終結の判断基準が，いくつかを除いて，あまり明確に定まっていない現状を踏まえ，筆者らは精神分析的心理療法の中断に関する共同研究の過程において，心理療法の帰結や終結の判断基準を明確化しました（佐野ら，2004）。

　ここでは，心理療法の帰結，心理療法契約とその終結という観点，終結の判断基準，終結の問題点について明らかにし，特に心理療法過程を「生き残ること（survival）」（Winnicott, 1958a, 1971）の積み重ねという視点から，終結について論じたいと思います（北村，1999）。

2●精神分析的心理療法の帰結

　精神分析的心理療法はセラピストとクライエントの出会いから始まり，その過程では主に乳幼児期の重要な対象との関係が現在のセラピストとの関係性で展開され（転移），その体験や洞察をとおして，目標を達成した時点で別れが

訪れます。目標を達成することのできない別れは中断となります。

　心理療法は通常，評価面接での見立てと合意に基づく心理療法契約の成立によって継続面接が開始されます。契約とは面接の目標，方法，ルール等についての約束事です。精神分析的心理療法の特徴は，主訴や苦悩となっている原因の解決だけでなく，それらの背後にある対象関係やパーソナリティなどの洞察，自己理解を目指しています。その後，目標が達成されれば，いずれ終結にいたると考えられます。

3 ●終結の判断基準

　精神分析の終結において，フロイト（Freud, 1937）は，「その第一は，患者がもはや症状に苦しまなくなり，また不安や制止症状を克服したというとき，第二は，問題となっている病的現象が今後繰り返して起こる可能性をもはや恐れる必要がなくなる程度にまで，抑圧されていたものが患者に意識化され，理解しえなかったものが解明され，内的抵抗が除去されたと分析医が判断したときである」として2つの条件をあげました。

　現代では，フロイトの時代よりも心的機制や精神病理の理解が深まるとともに，技法も発展し，治療対象が神経症水準から，境界例水準，精神病水準にまで拡大され，従来よりもさらに遡った早期乳児期の葛藤や発達に焦点づけなければ心理療法の展開は望めなくなりました。また，終結基準も現在に即したものが必要になってきました。

　佐野（2003, 2004）は，前述したフロイトの2つの基準に加えて，次の7つの終結基準を提示しました。それは，①発症以前と比較して，適切な自尊心と自己価値を保持することができること，②適切な対象選択が可能になること，③同一性の統合，④セラピストとの悲哀の仕事をとおして，別れの悲哀を整理・体験できること，⑤ストレス耐性の強化，⑥社会生活を楽しめるようになること，⑦感謝の気持ちを表現できることです。

　上記の基準は心理療法をとおして，クライエントの体験の内在化や洞察が進むことで可能になります。⑦の感謝については若干の説明が必要でしょう。

　成田（2003）も終結時の基準として感謝をあげました。彼によれば，転移の解消により，さまざまな投影を引き受けていたセラピストが現実の等身大の人

間と見られるようになって，初めて感謝が生じるといいます。従来から終結の条件として，転移の解消が必要であるとされてきました。しかし佐野は，転移は解消するのではなく，転移の不合理な側面から「合理的な転移」（Fenichel, 1941；Sandler et al., 1973）への「転移の様相の変化」と捉えました（佐野, 2004）。転移の不合理な側面とは，現在を過去の状況に意味づけ，抵抗として表現することです。筆者も転移が全く解消してしまうわけではないと思います。また，佐野（2004）は，それを「終結の親子関係モデル」の中で説明しています。一般に，子どもが青年期を経て親から自立する際，関係を断ち切るのでも，依存するわけでもなく，親からの養育や愛情に対する感謝の気持ちを抱きながら，適度な距離を保つようになります。親を親として見ているとともに，現実の一人の人間としても認めるようになります。このような関係性が心理療法終結後のクライエントとセラピストとの間にも生じます。そこでは転移の様相が変化したといえます。

　終結にいたる心理療法過程においては，顕在性の主訴すなわち原因であった症状，問題行動，性格の悩みが解消されている必要があります。それは表面に現われた「見えている」問題です。精神分析的心理療法ではその源泉となっている「見えていない」潜在性主訴の探索が求められます。無意識的内容の意識化，観察自我領域の拡大により，自己理解が深まる基盤を与えてくれます。

4 ●終結の決定とその時期

　終結の決定は，原則的にはクライエントからの申し出があったときなのでしょう（Langs, 1973/1974）。その際，時期尚早の終結の場合もあります。セラピストから分離・独立する試みとして，心理療法を終わらせるものです。厳密には別れの悲哀を整理・体験していないことによる中断となります（「新しい態度可能性への挑戦を目指した中断」；佐野ら，2004）。しかし，青年期のクライエントの中には，依存と自立の葛藤が再演され，心理療法関係から飛び出す試み自体に発達促進的意味を付与して，終結と考える立場もあります。

　心理療法に限らず，人間の生活や人生には，卒業や転居などの出来事や親の死など大切な人との別れがあり，それらを乗り越えることで，人間は成長していきます。心理療法は必然的に別れが運命づけられており，別れは心的苦痛を

感じさせます。終結が近づいても，それにまつわることが話題にならなかったり，終結後の自己の展望を語れないのであれば，セラピストとの分離不安に基づく抵抗などを明確化しなければならないでしょう。

精神分析的心理療法では，とりわけ自己理解や内省が求められますが，それを深めていくと際限がなくなります。いつまで心理療法を続けるのか，それはフロイトの著作『終りある分析と終りなき分析』の中ですでに論じられており（Freud, 1937），クライエントの心を完全に，徹底的に分析することや心的苦痛，内的葛藤をすべて排除することは不可能で，分析はそれらを目指すことではないと述べています。セラピストとともに取り組んできた体験をもとにして，自己分析が可能になることが重要だと思います。それが終結の時期になるのでしょう。すなわち，精神分析的心理療法は終わりあるものですが，自己分析，自己理解への試みはその後も続き，終わりなき課題となります。

5 ●生き残ることと終結

前述した転移の様相の変化を別の視点から捉えれば，次のようになります。転移とはクライエントの過去の対象関係における思考，空想，感情，防衛などを現在のセラピストという別の対象との間で反復することなのですから，錯覚に他なりません。転移という錯覚を脱錯覚（Winnicott, 1958b）することが心理療法の終結の課題です。ウィニコットは攻撃性や破壊から「生き残ること」によって，外的現実がつくられ，外的対象が発見され，「共有現実の世界が創り出される」と論じています。生き残ることとは，死なずに生きていることや報復しないということを意味しています。乳房を激しく吸ったり，噛む乳児に対して，痛いからと叩いたりそれ以後乳房を引っ込めることなく与え続けることによって，乳児はやがて外的対象としての母親を見出すことができます。これが生き残ることなのです。ここで乳児をクライエント，母親をセラピストと読み替えれば，心理療法関係となります。

心理療法過程では，クライエントからの抵抗や転移，それもときに関係性を脅かすような破壊的，攻撃的な側面を向けられ，それに伴う陰性の逆転移感情の高まりから，セラピストとしての機能が破壊されたり，報復したい感情や衝動に駆り立てられるときもあるでしょう。その過程において，その都度関係性

を見直したり，セラピスト自身の逆転移の分析をとおして，生き残ることが求められます。このような生き残りの積み重ねによって，クライエントと共にセラピストは生き延びることができ，終結へと導いてくれるのです。　　　　　［北村］

▶▶▶ 事例18　p.187参照

4節
内観療法における終結

1● はじめに

　本節は，表題のテーマについて述べようとするものですが，内観療法を専門としない読者の理解を助けるために，内観用語の解説から始めようと思います。まず「内観とは何か」について述べつつ，「心理療法としての内観」についても言及することにします。その後，内観の世界でも未だ十分な定義がなされているわけではないのですが，「内観と内観法と内観療法」について簡単に触れることにします。そして最後に，「内観法と終結」を俎上に乗せながら，本題の「内観療法における終結」へと考察を進めてみたいと思います。

2● 内観とは何か

　内観とは，読んで字の通りに「（自分の）内を観る」ことであり，そのために考案された自己観察の方法なのですが，そのルーツは，浄土真宗の一派に伝わる「身調べ」という修行法にたどることができます。何のための「身調べ」なのかといいますと，悟り（転迷開悟・一念覚知・宿善開発などともいわれている）を開くためです。当時は，身調べをする人を「病人」とよび，面接者は「開悟人」と称していたようです。病人は断食，断水，断眠という厳しい条件下でそれこそ命懸けの「身調べ」を行なったとされています（吉本，1983）。
　実際，伝えられるところによりますと，時どき，気が狂ってしまう人が出ただけでなく，中には命を落とす人もいたというわけですから，相当な荒行だったことがうかがわれます。それを子どもから高齢者まで一般の方にも取り組めるような現在の形に改良したのが内観の創始者・吉本伊信[2]（1916〜1988）でした。

その後1941年頃には,「内観法」という言葉が使われるようになり,ほぼ現在の方法が確立されましたが,吉本伊信が奈良県大和郡山に内観道場(現在の大和内観研修所)を開設したのは1953年のことです。現在の内観は,朝5時に起床して夜は9時に消灯するまで屏風で囲まれた半畳の空間で過ごしますが,8時間の睡眠時間が確保されています。また,水分はもとより,食事も三食きちんと摂取し,風呂にも毎日入ることができます。原則として約5分程度の面接が1日に7～9回の頻度で,およそ1時間半～2時間おきにくり返され,面接よりも内観している時間,つまり自己探索の時間を重視しています。内観がうまくいっているときは,面接はなくてもよいという人さえいますが,本来内観が「一人作業」だといわれるゆえんはそこにあります。したがって,「一人作業」に耐えられなければ,途中で挫折をしてしまうことになります。屏風の中で居眠りをしている内観者に対して吉本伊信は「ここは宿屋ではありませんので内観する気がなければお帰りください」と厳しい態度で臨んだという修行法としての内観の真剣さを伝えるエピソードもあります。

3 ●心理療法としての内観

　さて,その内観が心理療法として用いられるようになりますと,内観療法ともよばれるようになりました(真栄城,2005)。とりわけ,1978年に内観学会が設立されてからというものは,セラピストがクライエントに内観を導入するケースが増え,学会の場で,内観療法としての研究成果★3も次つぎと発表されるようになりました。そうなると,臨床の分野では内観法という呼び名よりも,内観療法とよばれることがふつうになってきたのです。かつて内観法としての内観は「一人作業」としての色合いが濃かったのですが,心理療法としての内観になると「関係」(高橋ら,2002；真栄城,2003)が注目されるようになりました。なぜならば,基本的に心理療法(Garfield, 1980)は,2人の人間(セラピストとクライエント)によって行なわれることが多いからです。つまり,内観法では問題にされなかった両者の「関係」が内観療法においては重視されるようになってきたというわけです。当然のことながら,「関係」が注目されるようになると,両者の「出会い」とその「経過」ならびに「終結」について検討する必要が出てきます。本稿では内観療法における「終結」につ

いて述べるわけですが、その前に「内観と内観法と内観療法」という用語についても触れておくことにします。

4 ● 内観と内観法と内観療法

　実は「内観と内観法と内観療法」について述べようと思うと一つの論文ができ上がってしまうほどです。紙幅に制限がありますので興味のある方は拙文（真栄城，2004）を参照していただくとして，今回はごく簡単に述べるだけにとどめたいと思います。

　内観法は主に内観研修所などで行なわれていて，いわゆる内観原法と称されることもあります。自己啓発を求めてくる内観者には最適です。一方，内観療法は，心理療法として内観を求めている場合に必要とされてきましたが，病院などでその環境に合わせて治療構造が改変されたり，あるいは内観研修所においても内観者の病理に合わせて工夫されたり，いわゆる内観変法として用いられている内観のことを称しています。そして内観という呼称は，それらを総称する際に用いられてきました。また，その他に集中内観や日常内観，分散内観といった言葉もありますが，通常，内観という場合には集中内観をさしてそうよぶ慣わしがあります。ここでもそれにならって「内観」と記述する場合には，「内観法」と「内観療法」を総称する際に用い，集中内観を意味しています。

5 ● 終結と内観法

　ところで，「終結」とはどういう事態なのでしょうか。広辞苑には「物事が終わりになること。しまい。おわり」と記されています。『心理療法を終えるとき』という本書のタイトルにならえば，ここでは「内観法を終えるとき」ということになりそうです。また，別な言い方をするならば，「終結」とは心理療法を続けてきたセラピストとクライエントの「別れ」ということにもなるでしょうか。そうすると，内観法には「終結」はなじまないように思われます。というのも，すでに述べたことですが，本来，内観法は「一人作業」だといわれているので，この場合に両者が「別れる」という事態は，訪れようがありませんし，ふさわしくないことになります。

　また，内観法を説明する際に，吉本伊信は集中内観を電柱に，日常内観を電

線にたとえました。つまり，研修所などで1週間という期間を籠って行なう集中内観は，日常生活に戻って行なう日常内観のための基礎訓練であり，入門式だというのです。入門式を経た内観者は，その後日常生活の中で日常内観を続けることが求められます。実際に吉本伊信が模範的内観者として絶賛したある女性の場合は，自らの意思で日々の内観をはがきに書いて送ってきましたが，まさに「一人作業」を継続したことになります。かつて筆者は，この女性のはがきによる日常内観の件を伝え聞いたとき，おそらく吉本伊信という面接者（師）がいるからこそ続いているのだと思っていました。ところが，その吉本師が他界した後にもはがきが届いたのです。しかしそのときでも，それは2代目所長のキヌ子夫人に宛てたものだというふうに勝手に解釈しておりましたが，夫人亡き後，一面識もない筆者が所長を引き継いだ後も，はがき内観が定期的に届けられたのには驚いてしまいました。この女性の日常内観は，まさに「一人作業」の極致に達したものだと思われます。こうなると，「内観法の終結」はその人の生命（いのち）の終わりにやってくるとしかいいようがありません。否，あの世で続いていないと誰がいえるでしょうか。ひょっとすると，内観法は「永遠に続く行」だといってよいかもしれません。

6 ●内観療法における終結

ところが，修行法としての内観ではなく心理療法としての内観を求めてやってくる内観者（クライエント）にとっては，既述のような「一人作業」としての内観法は困難になることがあります。そういうケースには「関係」の中で内観療法が行なわれますが，おそらく他の技法と比べたとき，「関係」のあり方はだいぶ違うように思われます。ある高名な精神分析に精通したセラピストが「心理療法とは，セックスのない恋愛関係だ」と講演で述べておりましたが，それを聞いたとき，内観との相違を感じた記憶があります。恋愛関係のような濃密な心理療法であれば，両者（セラピストとクライエント）のコンプレックスが絡んだときには，相当に複雑な「関係」が発生するように思われます。では，その高名なセラピストの行なう心理療法と内観は，どう違うというのでしょうか，おそらく治療構造の違いは大きいように思われます。たとえば，カウンセリングや精神分析が1回50分（あるいは60分など）というセッションを毎

週，あるいは隔週に決めて開始するわけですが，最初から終了日を決めて行なうことは少ないでしょう。もとより，上地安昭によってわが国の学生相談の分野に紹介された「時間制限心理療法」（上地，1984）がありますが，それは，学校に長期休暇や卒業という制度があるために，心理療法の流れとは無関係に面接の中断や終結を余儀なくされるという事態が発生するので，それによる弊害（セラピストの傷つきやクライエントの不安など）を考慮してつくられたという一面があるようです。そこでは，個々のクライエント（学生）によって，制限時間の設定も変わってくるように思われます。内観のようにどのクライエントに対しても1週間という時間制限がなされているわけではないように思われます。つまり，1週間を単位とするこの時間制限は，内観の特徴だといってもよいでしょう。内観では，時間が制限されているだけに短期集中法としての効果が発揮されることになります。「一分一秒を惜しんで内観してください」というのは，吉本伊信の言葉ですが，1週間の時間制限下で聞かされるとその気になってしまうから不思議です。内観が治療構造の中に時間制限を設けたことによって，逆説的ですが，セラピストはその間はほとんどつきっきりでクライエントの世話が可能になります。起床時から就寝まで食事はもとより，定期的に面接が行なわれて集中した世話を受けることのできる構造は，重症で不安の強いクライエントには安心感を与えることも事実です。そして，セラピストとの間で安心感を体験したクライエントほど終結はスムーズですが，1週間で十分でないというクライエントの場合には延長もあり，くり返し内観に訪れるケースもあります。

★2　1923（大正12）年は伊信少年が数え年9歳のとき，4歳の妹チエ子が夭逝しました。悲嘆にくれる母親は娘の写真を懐にして聞法生活を始めたのです。その母について少年もお寺へ参るようになりました。それがきっかけとなって17歳になるとお寺で本格的に各経典を習い，21歳には「身調べ」を体験するのですが，再三の失敗をくり返すことになります。しかし求道心は少しも揺らぐことなく，ついに1937（昭和12）年11月12日，伊信22歳のとき目的を達したのです。そのときの心境が有名な「この喜びを世界中に伝えたい」という言葉でした。それから15年間は内観普及の資金を得るために実業界に身を置いていましたが，1953（昭和28）年からは，1988（昭和63）年に他界するまで念願だった内観一筋の人生を貫きました。

★3　1978（昭和53）年に内観学会（後に日本内観学会に改称）の第1回大会が京都で開

催されたとき16本の一般演題が発表されましたが，2004（平成16）年の第27回大会が神戸で開催されたときまでの一般演題の総数は521本を数えています。その他，1991（平成3）年に第1回大会を開催している国際内観会議や1998（平成10）年に発足された内観医学会（後に日本内観医学会に改称），および2003（平成15）年に第1回大会が開催された国際内観療法学会での一般演題の数を加えるとこれまでに発表された内観の研究は相当な数にのぼります。

[真栄城]

▶▶▶ 事例19　p. 193参照

●●5節●●
ブリーフセラピーの終結

1●ブリーフセラピーとは

　ブリーフセラピーとは，単一の治療法をさすのではなく，いわばブリーフセラピー群をさす名称です。そこには，たとえば，ストラテジック・モデル，MRIモデル，解決志向モデルなどいろいろな学派の治療法が含まれています。

　宮田（1994）によれば，ブリーフセラピーは，「ミルトン・エリクソン（Milton H. Erickson）の治療に関する考え方や技法から発展したセラピーであり，クライエントとセラピストが協力して，できるだけ短期間に問題の解決を行う一方法」ということになります。

　この「ブリーフ」の意味ですが，そのまま日本語に訳しますと，「短期」となるのですが，白木（1994）によれば，1993年に設立された，IBTA（International Brief Therapy Association：国際ブリーフセラピー学会）は，「問題を抱え，解決を求める人々のために，効率的で効果的な方法で援助を行いたいと願う」と謳っています。つまり，この「ブリーフ」は，「治療に要する時間，期間，面接回数がより短期（brief）」「十分な治療効果／成果が得られる（efficient）」「治療効果に対して，時間，費用，労力が十分見合っている（effective）」の3つを同時に満たすことを意味し，その考え方から，ブリーフセラピーとは，より短期的，効果的，効率的な治療ということになります。そして，何より重要なことは，クライエントにとって役立つことは何かという視点が中心にあるということです。

2 ●ブリーフセラピーの終結

　ブリーフセラピーでは，終結は理論的にはむずかしくありません。その第一の理由として，ブリーフセラピーがクライエントにとって役立つ治療を原則としており，クライエントが求めている目標を達成することを第一に考えるということがあげられます。セラピストがこのクライエントに「〜という人格的問題がある」とか，「修正すべき〜という成長課題がある」というような見立てをもっていたとしても，クライエントがたとえば「外出できることが目標」と言えば，それに対して援助を行ない，その目標が達成されれば終結です。

　第二の理由としては，治療目標を目に見える具体的で明確なものに設定するというところです。ブリーフセラピーでは，できるだけ初期の段階（できれば初回面接）で，治療で取り組むべき具体的な目標を決定します。具体的な目に見える目標とは，不登校ならば「学校に行けるようになること」，心身症なら「身体症状がなくなること」，不安神経症なら「電車に乗れること」などです。目に見えない目標とは，「気分がよくなること」「やる気がでること」「精神的に成長すること」などがあげられます。治療目標も終結の形も治療契約の際に決められていますので，終結は明白です。

　第三の理由として，終結はクライエントが決めるということです。目標が達成された段階で，「今後の面接はどうしましょうか？」とクライエントに尋ね，クライエントが「終りたい」と言えば終わりとし，「もう少し安定した状態になるまで続けたい」と言えば，望む状態になるまで継続します。

3 ●本当に終結は簡単か

（1）終結への固執

　治療目標を目に見える明確なものにしようとしても，たとえば「とにかくしんどくて，楽になれればいいのです」というような漠然とした目標をくり返すだけで，明確に目標を設定できないクライエントがいます。こうしたクライエントに対して目標を明確にすることに捕われすぎると，クライエントは自分自身の感情を受け止めてもらえないと感じ，ドロップアウトを起こす危険があります。その場合は目標設定に固執することなく，いったんはその目標で取り組

むように受け入れることが必要です。そして，治療が進んでいく中で，目標を目に見える形に修正していくことを考えます。

(2) 終結のタイミング

クライエントと決めた具体的な目標に達すれば終結ですが，「子どもが登校し始めた」とか，「お金の持ち出しがなくなった」など，目標が達成されてそれがどれだけ続いていたら終わりにできるのでしょうか？ クライエントから終結を言い出す場合は問題ありませんが，言い出さない場合は，セラピストから終結について尋ねるタイミングが重要になります。クライエントがまだまだ不安に思っているときに終結を言い出すと，クライエントの不安を増大させ，場合によっては悪化させる可能性も考えられます。一方，切り出すタイミングが遅くなると，不要な心配を喚起させたり，まだ終われないのかとクライエントが自信を失ったり依存的になったりする可能性が考えられます。したがって，クライエントがどれくらい安心できているか，どれくらい自信をもてているかについて，セラピストが見極めることが必要となります。

それを安全にクリアするための方法として，ソリューション・フォーカスト・アプローチ（Solution Focused Approach）におけるスケーリング・クエスチョンをあげることができます。それは，クライエントの経験を数字で表現させる方法です。「最初に来られたときの問題（たとえば不安）を10とすれば，今は何点くらいですか」と質問し，達成度を探ることができます。クライエントが「2」と言えば，「残っているその2は何でしょうか」と尋ねて面接を進められるので，不用意に不安をあおることを回避できます。

(3) クライエントのニーズの変化

当初は明確な治療目標を目指して取り組んでいても，クライエントのニーズが，「セラピストに話を聞いてもらうことで安心感を得ること」に変化している場合，面接を終結することがクライエントに不安を生じさせることがあります。そのような状態でダラダラと面接を続けていますと，治療の枠組みが崩れ，治療が失敗に終わる危険性があります。その場合は新たな目標を検討し，治療の再契約へと導くことが必要になります。

(4) 短い治療期間

治療があまりに短期間で終結した場合，クライエントがセラピストをいわば

魔法使いのように錯覚し,「子どもに勉強をやる気にさせるためには」とか「人生で成功するためには」といった,新たな要望が出されることもあります。また,クライエントがセラピストから離れることに不安を感じ,いろいろな行動について常にセラピストに判断を仰がないと自信がもてなくなる可能性もあります。

しかしながら,ブリーフセラピーでは,クライエントの能力や資質を最大限に発揮することができるような援助を目指しており,クライエントがいかに自分の力で治すことができたかを実感できるように取り組みます。したがって,上述したことを回避するためには,治療経過の中でこの自己治癒力をどこまで実感させることができたかが非常に重要になります。

(5) 変化しても変化していないと訴えるクライエント

セラピストから見ると,目標が達成されていると思われるにもかかわらず,クライエントが達成していると言わない場合があります。それどころか,セラピストが言えば言うほど,症状が悪化することがあります。

この場合,システムズアプローチの観点からは,クライエントは自分が悪化することで終結を回避しようとしていることが考えられます。

この場合の対応としては,3つの方法が考えられます。1つは,目標が達成した後も継続できることを保証することです。終結を回避するための悪化ですから,継続を保証すれば悪化を防ぐことができると考えられます。そのうえで,終結の方法を探ります。2つ目は,そこまでして通い続けたい理由が明らかになるような,突っ込んだ面接を行なうことです。そして,新たなニーズが出てくれば,新たに治療契約を結ぶことです。3つ目は,自分には治す能力がないと無力宣言をして,他所に紹介するかもしくは強引に終結することです。クライエントのねらいは,悪化することで終結を阻止することですから,強引に終結してしまえば症状はよくなるはずです。

(6) 終結を急ぐクライエント

変化が起こったらすぐに終結しようとするクライエントがいます。基本的にはクライエントの意志を尊重しますが,セラピストから見て,すぐにでももとに戻りそうならば,継続するように促します。その場合は,現実に目標が達成されたかどうかではなく,それを支えているものがどれくらい変化しているか

が指標になります。

　たとえば，親からガミガミ言われるから怒るというパターンのある子が，親のガミガミは変わらないが自分の我慢によって怒るという行為を止めていたとしたら，本当にそれが長続きできる解決であるのかどうかを見極める必要があります。一方，ガミガミも怒ることもなくなったとすると，パターンそのものが変化しているので，目標が継続される可能性が高く，変化したすぐ後で終結することも考えられます。

4 ● 5回で終結！?

　筆者の相談室は，ある団体の提携カウンセリングルームになっています。その団体は，会社の健康保険組合と契約し，社員とその家族が，無料でカウンセリングを受けられるという私的保険制度を行なっています。ただし，回数に制限があって，5回までは無料ですが，6回目以降は各治療施設で決められた料金がかかるというシステムです。

　そのシステムで来られた方には，初回面接で「保険内で終了したいと考えるかどうか」について尋ねますが，ほとんどの方が「できれば保険内で終了したい」と答えられます。当初は5回以内での終結ができるだろうかと，筆者は随分不安に思っていました。ところが，実際は5回以内で終結することがめずらしくありません。

　その理由としては，セラピストとクライエント間に5回以内で終わろうとする連帯感が生まれること，動機づけが高くなるのでセラピストからの提案，指示，宿題などが多少厳しいものであっても実行される可能性が高いこと，目標を小さく絞っていることなどが理由としてあげられます。いずれにしても，筆者はこの中に短期終結に有効なエッセンスが隠されているのではないかと考えています。

[村上]

▶▶▶ 事例20　p.199参照

6節
宗教カウンセリングの終結
——キリスト教カウンセリングを例として——

　宗教カウンセリングというと，広い範囲を含むことになりますが，ここではキリスト教カウンセリング（Christian Counseling）に的を絞って，宗教カウンセリングにおける「終結」の問題について論じていこうと思います。その際，まずキリスト教カウンセリングの理論の概略を述べたうえで，次にその特長をあげ，最後に終結の前提となるキリスト教カウンセリングが目指す目標を述べていきます。なお，聖書からの引用は，すべて日本聖書協会（初版1887年）『舊新約聖書』（文語）によります。

1 ● キリスト教カウンセリングの理論の概略

　ここでは，キリスト教カウンセリングの理論の概略を，その背景，人間観，意識観，人格形成論，病理論，動機論・援助目標，クライエントに期待されること，クライエントとセラピストの関わり，時間，面接実施上の留意点に分けて箇条書きしてみます。

①背景＝ユダヤ・キリスト教思想・超越主義（transcendentalism）・ホーリズム（holism）。
②人間観＝性善説ないしは性悪説，つまりは矛盾説。
③意識観＝超意識（無意識をも変性意識という名で超意識の配下に含める）。
④人格形成論＝他者（人間・人間を超えるもの・自然・宇宙）との関わりから人格形成がなされる。
⑤病理論＝自我に固執した自己執着。
⑥動機論・援助目標＝自己の内側から自然に起こってくる自己覚醒または自己放擲。
⑦クライエントに期待されること＝自己超越の叡智。
⑧クライエントとセラピストの関わり＝クライエントとセラピストが同一地平上で相互に主体として出会いつつ，互いに主観を開示し合い，それを一つの世界として共有することで，両者に自己覚醒が生じる。

⑨時間＝「今・ここで・この私」を基点とした永遠。
⑩面接実施上の留意点＝面接プロセスを通じて，クライエントとセラピストが共に癒され，救われ，教えられ，自己創造に志向する契機が得られるような関わりのあり方の模索と追求。

2 ●キリスト教カウンセリングの特長
── 「最も小さき者」の下に立つカウンセリング

聖書による「最も小さき者」(the least) とは，神が選ばれた「世の愚なる者」「世の弱き者」「世の卑しきもの」「軽んぜらるる者」「無きが如き者」（コリント人への前の書第1章27節28節）です。より具体的には，子ども，女性，病気の人，障害のある人，飢えている人，身体を売る人，罪人，奴隷，取税人，羊飼い・豚飼いなどの牧畜人，行商人，小売商人，日雇い労働者，門番・女中・給仕などの奉公人，サマリア人，異邦人などをさします。

それらの人々は，才能，財産，地位，教養もなく，強い者から疎んじられ，蔑まれ，虐げられ，痛みつけられ，押し潰されていて，いわば一見，自分の内にも外にも自分を支えまもる力を見出せない人々であるとさえいえます。

ところで，「最も小さき者の下に立つカウンセリング」の「下に立つ」とは，どういうことでしょうか。それは次の2つの意味をもちます。

第一にhumbleの意味であり，自己を低くすることによって，己の卑小さを感じ「謙虚になること」です。

第二に「下に立つ」とはunderstandの意味です。語源的にもunderstandは正に「下に立つ」の意で使われていた経緯もありますが，周知のごとく「相手を理解すること」をさします。

したがって，「最も小さき者の下に立つカウンセリング」とは，クライエントとセラピストが，互いに「最も小さき者」として，教え教えられ，愛し愛され，生かし生かされて，自己創造しながら共に成長していくカウンセリング過程をさすことになります。

つまり，セラピスト自らも「最も小さき者の一人」として自己を低くし，己の卑小さを感じながらもそれを受け入れ，謙虚な態度で，クライエントを真の信頼をもって理解し受け入れていくことがこのカウンセリングの出発点なので

す。またそのプロセスは，クライエントとセラピストの互いの人生に平安・自由・喜びをもたらすであろうと考えられるのです。

3 ●キリスト教カウンセリングの目標・終結の目安
　　──「善く生きる」ことへの覚醒

　キリスト教カウンセリングの目標は，症状除去・問題解決は無論のこと，それらを包摂する形での「善く生きる」（well-being）ことだといえます。善く生きるとは，端的にいえば，外から求められる操作的強制である「道徳」（moral）で生きるのではなく，内から浮かび上がる主体的自由である「倫理」（ethic）で生きることをさします。

　また，人間は「神の似像」（imago Pei）であるとすれば，どの人も「不完全」であるとともに「善きもの」なのであり，そうだからこそ互いにたすけ合い，補い合い，教え合い，学び合い，生きていく必要があるのであるということになり，そういうあり方のことを「善く生きる」とよんでいるのです。

　そして，それを可能にするのが「善く生きる」ことへの覚醒（awareness）なのですが，その覚醒のプロセスには自己覚醒（self-awareness）ないしはスピリチュアリティの覚醒（awareness of spirituality）が含まれます。

　このようにキリスト教カウンセリングでは，一人ひとりの「今，ここで」生きている「いのち」としての（部分には到底分割できない）ホリスティック（holistic）なあり方（being）に着目し，それを自らの人生において「覚知」（awareness）することを重視しています。覚知とは日本語では覚醒とも訳されますが，「自己覚醒」つまりは，自分という存在に目覚め，どう生きるかを自覚する作用を出発点として，さらに「スピリチュアリティの覚醒」へという方向性をもっています。

　スピリチュアリティとは，この世界の一切のもの（森羅万象）は繋がっているという際，それを可能にしているはたらきのことをさしますが，キリスト教カウンセリングの基礎にあるユダヤ・キリスト教思想では，「三位一体論」としてスピリチュアリティが語られます。

　三位一体論とは，唯一なる神が3つの位格（ペルソナ：もともと西洋古典劇での仮面のこと）をもって現われるとする説です。その3つの位格とは，父な

る神・創造主ヤハウェ，子なる神・贖罪者イエス＝キリスト，聖霊（spirit）なる神・信仰経験に顕示される神をさしています。この3つの位格は互いに不可分に結びついています。また，この世の人間はイエス＝キリストを仲介者として父なる神とも結びついています。これらを結びつけるはたらきが聖霊（spirit）のはたらき，すなわちスピリチュアリティ（spirituality）であると説かれます。

さらにキリスト教信仰に基盤をもつ臨床教育心理学者の伊藤隆二の見解では，スピリチュアリティとは，自他の隔てを置かず（これは共感性（empathy）に基づく），いっさいのものに親しみ（この意識を宇宙意識（cosmic consciousness）という），いつくしむこころ（これを同行（どうぎょう）の姿勢という）のはたらきをいうと表現されています。

以上から，キリスト教カウンセリングの目標（「善く生きる」ことへの覚醒）は，すなわち終結の目安になるわけですが，より具体的には面接プロセスにおいて，クライエントの自己覚醒ないしはスピリチュアリティの覚醒への志向性がセラピスト側に間主観的にイメージ化できるかどうかが終結の目安になります。

その際，クライエントのもつ現実世界と内的世界との微妙な親和性に着目しつつ，クライエントとの関係性を基盤としたセラピスト側のあり方・生き方にも内省を加えたうえで，クライエントの意志を最大限に尊重しながら，終結を決定するようにしています。

［鶴田］

▶▶▶ 事例21　p. 204参照

第 II 部

終結の事例

事例1 「痩せれば私はよくなる」と訴え続けたうつ病の事例

　本事例は抑うつ感が改善し、職場復帰が果たされた後も比較的長期にわたって面接を継続していた事例です。もっと早く終結に結びつけるべきであったのかどうか、クライエントの意向に沿って面接を進めることの是非について考えたいと思います。

1 ● 事例

● **クライエント**：里佳子、初回面接時20歳
● **主訴**：何もする気が起きず、死にたくなる。診断はうつ病
● **家族**：両親と本人、兄、弟2人の6人家族。父親（57歳）は高校を卒業後、建築関係の会社に就職し、34歳のときに独立しました。50歳頃に呼吸器系の疾患を患い、55歳からは自宅療養をしています。頑固でわがままな性格に加え、現在でも時どき仕事に口出しするので、家族から疎まれています。母親（55歳）は基本的にまじめで頑張り屋です。結婚当時は保険の外交員をしていましたが、父親が独立してからは自営業の事務をしています。
　長男（25歳）は高卒後、父親の会社で働き、現在は実質的に会社を任されています。里佳子には厳しく接するのですが、彼女なりに兄を尊敬しています。次男（22歳）は高校を卒業後、他県で働いており、三男（16歳）は高校生です。

● **成育歴・現病歴**：正常満期産（4563g）で4人きょうだいの第3子として出生しました。定頸3か月、初歩11か月と身体発達上の問題はなく、幼児期は兄たちと外で遊ぶのが好きな子どもでした。幼稚園では片道30分を不平も言わずに黙々と歩き、小学校4年生のときに怪我で右手が使えなかったときにも、左手で一生懸命字を書くなど、小さい頃から非常に努力家でした。
　小学校6年生の5月と9月に自家中毒のためそれぞれ1週間ほどの入院を

しました。中学校に入学後も時どき腹痛で欠席することがあり，3年生の6月頃から徐々に欠席が目立つようになりました。高校1年生の10月頃から再び欠席しがちになり，2年生の6月に退学しました。翌年には大検に合格し，専門学校に入学したのですが，バイトと勉強の両立に疲れ，結局2年生の5月には退学しました。その後，自営業の事務を手伝うようになりましたが，1年後，再び引きこもりがちになり，受診した近医の紹介で筆者の勤務する精神科クリニックを受診しました。

2 ●面接経過

初診後，約2か月間の薬物治療を受けていましたが，うつ状態は改善せず，体重の増加とともに昔のいやなことが思い出されるとのことで，筆者に心理療法が依頼されました。

(1) 第1期（第1〜21回：X年12月〜X＋1年7月）──泣き腫らす日々

初回面接では「イライラで過食する。体重が13キロも増えてしまった。誰にも会いたくない」といった内容が書いてあるメモを筆者に手渡し，後はずっとうつむいたまま泣くだけでした。一方で，里佳子の短い髪とはっきりとした顔立ちから筆者は，どこか男性的な印象を受けました。

2回目以降の面接でも里佳子は毎回大粒の涙を流しながら「これ以上太るなら死んだほうがまし」「痩せさえすれば元気になれる」「小学校6年生頃から友だちとうまくいかなくなった」「でも，今までは悩みを話さなくてもやってきた」といった訴えをくり返しました。また，「父はいつも文句ばかり言っているし，母は私の気持ちをわかってくれない」「手首を切ろうとしたら父は怒るし，母は泣くし」と両親に対する思いをとつとつと表明しました。筆者はとにかく受容的に接し，里佳子を心理的にサポートすることを心がけました。

6月頃には「私は期待されるとそれに応えようとしたり，頑張りすぎる傾向がある」「兄たちが親から『泣いちゃダメ』と言われていたので，愚痴をこぼさないことはいいことだと思っていた」といった内省もできるようになっていきました。そして「最近，思ったことは話そうと思うようになった」との里佳子の言葉をきっかけに集団療法のグループに参加することになりました。

(2) 第2期（第22～38回：X＋1年7～10月）――グループ体験

集団療法は同じ20代の女性を中心とした数人のグループで，カードゲームや軽いスポーツを中心に活動しました。中でも里佳子は中心的な存在でしたが，そのうち周囲からのリーダーとして期待されることが苦痛になり，3か月ほどでグループを抜けることになりました。

相変わらず体重へのこだわりはありましたが，第27回目の面接（家族合同）では，「昔から頭ごなしに言われてきたので，言い返せなかった」と頑固な父親にも自己主張でき，「2人の兄が『ゆっくり治せ』と言ってくれたのが嬉しかった」と感情表現もできるようになりました。

(3) 第3期（第39～44回：X＋1年10～12月）――母子同席面接の開始と母子関係の深まり

「母に一緒にいてほしい」との里佳子の希望で第39回目から母子同席面接をするようになりました。基本的に話すのは里佳子で，「体重はついにプラス23キロになった。自分の思い通りにいかないとイライラするし，そんな自分がいやになる」という一方で，「弟は勉強に忙しいし，父とは話が合わない。母とは元気だった頃のような話がしたい」「夕方になると死にたくなるので，夕食の仕度を手伝って気を紛らわしている。時どき母と酒を飲んだりもする」といったように，母親との関係がさらに深まっていきました。

(4) 第4期（第45～70回：X＋2年1～12月）――回復のきざし

その後も母との関係が続く中で，髪を染めたりして，「少しは楽しいと思うときもある」という発言もみられるようになりました。相変わらず「痩せるともっとふつうになれると思う」と言いながらも「兄と父のもめごとを大きくしないためには私が我慢するしかなかった」「イライラの原因は思っていることを言えないからだと思う」といった言葉も聞かれるようになりました。

ある日，偶然書店で昔の友人に会ってしまったのですが，「つらかったけど，今度会ったときはもう少し話してみようと思う」と言い，順調に回復していることが感じられました。また，8月頃から母と一緒にダイエットを始め，11月には兄の結婚式にも出席しました。

(5) 第5期（第71～103回：X＋3年1月～X＋4年9月）――躁転

その後，体重は順調に減少し，父親の入院で母親がつき添うのを機に家事も

するようになりました。仕事のことがプレッシャーになりながらも旅行やパソコン，コンサートなどを楽しめるようになり，3月頃には職場に顔を出すようにもなりました。また，コンサートをとおして新たな友人もでき，11月には，仕事も半日できるようになりました。さらに，肩こりや便秘といった身体症状も改善し，薬も減量されました。

ところが，X＋4年3月頃から行動範囲が拡大し，一時は躁状態とも思えるほどになりました。ただ，里佳子自身が「調子がよすぎるので，安心しないで，ちゃんと受診していたい」と自らセーブする意志も感じられましたので，筆者はそのまま様子をみることにしました。

(6) 第6期（第104〜125回：X＋4年10月〜X＋6年5月）──歯止めと気づき

相変わらず行動的な生活を送っていましたが，疲れているときは誘いを断るなど自分でもコントロールができるようになっていきました。X＋5年1月には面接も月に1度になり，4月には彼氏ができ，仕事のストレスの解消もうまくできるようになっていきました。さらに，X＋5年10月頃には「チームプレイが苦手」「負けず嫌いと気が短いのは父にそっくりかも」「私には強い面と弱い面がある」といった洞察とともに，「みんなに支えられて生きているんだなと思う」と感謝の念もでてきました。そして，X＋6年5月29日，「自分にも自信がもてるようになったので，今回で最後にしたいと思います」と自ら希望し，面接は終結を迎えました。

3 ●考察

本事例では母親との関係の深まりが里佳子に安心感を育み，それが自己主張と内省と自己コントロールを促し，最終的にうつのパターンからの脱却につながったと考えられます。もちろん，その背景には里佳子自身の潜在的エネルギーがあり，それが母親のこころを動かしたともいえます。

今回は母親との面接についてはほとんど触れませんでしたが，母親自身も夫婦関係をはじめとする家族関係の中で精神的にかなり疲弊しており，当然筆者は母親のサポートにも力を注ぎました。

ところで，里佳子のうつ状態は第4期の終わり頃（X＋2年12月）にはほと

んど改善し、主訴も消失していました。では、たとえば第5期の薬の減量の時点で終結を告げていたらどうなっていたでしょうか。その後の里佳子の躁状態への移行を考えると結果的に面接を継続してよかったのかもしれませんが、筆者がそれを予測していたわけではない点で、成功は単なる偶然と言わざるを得ません。もちろん、症状の解消が問題の本質を捉えていない場合もあるので終結には十分気をつけなければなりません。しかし、主訴が解消した段階で一度終結し、問題が生じた時点で再び受診することは可能だったと思われます。

「来るものは拒まず」スタイルでは不必要に長く心理療法が続く可能性があります（丹治，2002）。第1部第1章1節でも述べましたように、心理療法は常に終結をイメージしながら進める必要があると筆者は考えています。

[丹治]

事例2 娘を突然亡くして悲嘆にくれた母親の事例

　本事例は、娘を突然に亡くすという事件にどのように対処してよいのかわからず来談した母親がクライエントです。クライエントは愛する娘を亡くしたことで混乱し、抑うつ状態と不眠を呈しましたが、4回という少ない面接回数で混乱状態がおさまり、自信を回復しました。

1●事例

●**クライエント**：幸子，初回面接時55歳（主婦）
●**主訴**：不眠，引きこもり傾向
●**家族**：長男（30歳）と長女（28歳）はすでに結婚しており、現在は夫の母親（93歳）と夫（60歳）と次女（26歳）の4人家族です。
●**生育歴・現病歴**：幸子は兄と弟にはさまれた長女として元気に育ちました。高校を卒業してから数年間会社勤めをし、24歳で結婚しました。結婚後は専業主婦として夫の母親の介護をしながら3人の子どもを育てました。

すでに嫁いだ長女が5年ほど前から希死念慮を訴えて心療内科に通院していました。そして，次女の結婚式を2か月先にひかえたある日，長女が自殺したのです。そこで幸子は，混乱の中で不眠と引きこもりを訴え，「いのちの電話」に相談しました。そして筆者の勤務する医療機関を紹介され，主治医から筆者に面接が依頼されました。

2 ●面接経過

(1) 第1回（X年4月3日）——現実を受け止められない

筆者が幸子に最初に会ったとき，彼女は憔悴しきった暗い表情で，目は泣き腫らしたように潤んでいました。「長女が亡くなりました。つい1週間ほど前です。転落しているのが発見されました。車ではありません。状況から見て単なる事故じゃなくて，自分からじゃないかって…。警察にいろいろ調べられたんです。でも，まさかそんなふうに決めつけられるとは思っていなくて。……それにテレビで放映されたんです。私たちが全然知らない所で得た情報がテレビで流されたことがやりきれないんです。原因なんて本人に聞いてみなきゃわからないことですし…」と幸子は語り出しました。

自殺という言葉は用いなかったものの，そう決めつけられたことに幸子は大きなショックを受けているようでした。

また，「長女が日頃悩んでいたことは知っていますが，元気に子育てをしていましたし，事故と思いたいんです。でも病院ではそうは言われず，覚悟の何かだと。今度結婚する次女には，お姉ちゃんが自分からしたなんてとても言えないです」と妹の結婚前であることをとても気にしているようでした。

(2) 第2回（X年4月8日）——誰にも話す訳にはいかない

幸子は「外には出たくないけど，主婦ですのでどうしても人に会わなきゃいけないときがあり，それがとてもつらいです。前に比べたら落ち着いてきましたが，次女の結婚式のことを思うと胸が潰れそうで…」と話し始めました。

筆者が「ご主人のご意見は」と聞くと，「私は薬のおかげで夜は眠れていますが，年老いたおばあちゃんもいるし，夫はつらいと思います。私のきょうだいも心配してくれて，電話をくれたり花を贈ってくれたりしています。みんなに心配かけてはいけないと思い，明るくしています。でも，長女が死んだこと

について，ああすればよかったとかこうすればよかったとか自分を責めてしまいます。できるだけ『あの子も精一杯生きたんだから』と思うようにしています。趣味の集まりがあったりするのですが，子どもが亡くなったのにそんなところには出られないし。地域の人は，私がやつれているので，『おばあちゃんの介護でえらいの？』と言ってくれたりします。友だちからの手紙に返事を出さないと心配するだろうし，どうしたらよいものか」と話しました。

そこで，筆者が「打ち明けたい気持ちもあるのでしょうか」と聞くと「あります。（話せれば）どんなに楽になることか。私もいい年して，気が弱いなあと思います」と幸子は答えました。

(3) 第3回（X年4月13日）——誰にでもあることと思えたら慰められた

最初に「元気になりました。今日も受付の人に挨拶できました」と幸子がいうので，筆者が「元気になられたきっかけは何でしょうか」と尋ねると，「私は長女のことに偏見をもっていたのですね。誰にもあることだと思うことができるようになって，昨日は墓参りをしました。人は誰も脆いときもあるけど，立ち直るのも事実だと思って。今は，そういう人を助けてあげたいと思うようにもなりました。これからは前向きに。幸せに生きていけるようにね」と答えました。

また，幸子は「私は娘を助けてあげられなかったことで自分をを責めていたのです。元気になったら，そういう方たちの力になりたいと思えるようになって。そして，娘にも許してもらえるようになったらいいなと。世の中には苦しんでいる人がいっぱいいますが，私はこうやってこられただけでも幸せです。これからは婿と残された孫と婿の両親の生活を乱さず仲良くしていきたいです。私はこちらの病院に顔を出しているからいいのですが，むこうは働いているので癒しの時間もないと思うし，つらいでしょう。私より一回りも上の高齢の両親が孫の面倒をみてくれているのです。慣れたら私が行ったりこちらに来てもらったりしようと思っています。……友だちにもいつか話したいと思っています。そう言ってて何でもないときに泣いてるんですよ。でも，つらくても生きてるのが人間かなと。私はこうなったことで強くなれました。昨日ハーモニカを吹いてみたのですが，その音色に慰められました。すごくこころに響くんですよね。お年寄りを慰問できたらこころが休まると思うんです。私にはまだ主

人がいますが，そういう方で身内を亡くされた方もいるんですよね。閉じこもってばかりだったらいけないと思う。……今日は電車の中で，外の風景を眺められたんでね。ぼーっと乗っているのじゃなくて。いろんな形でボランティア活動ができたらいいなと」と言い，気持ちが無理なく前向きになってきているように思われました。

そして幸子は，「もうなんとか自分でやっていけそうです。今日で最後にします。お世話になりました」と終結を希望しました。そこで筆者は，「揺り戻しがあるかもしれませんので，そのときはいつでも遠慮なくいらしてくださいね」と伝えて面接を終了しました。

(4) 第4回（X年6月2日）――まだ思い出すとつらいがお腹は正直

幸子は約1か月半後に再び来院し，「無事次女の結婚式は終わったのですが，長女のことを思い出して少しつらかったです。式当日も後半は寂しくなって，2人とも私から離れていくと思うと…。子どもには，『空の巣症候群になっちゃいかんよ』と言われています。……今回，式の数日前から食事がとれず，結婚式の後蕁麻疹（じんましん）が出ました。まだ娘が亡くなったことを誰にも言えないんです。一番の解決法は日にち（時間）ですかね」と，涙ぐみながら話しました。

そして，「北朝鮮の拉致事件や人が死ぬニュースやドラマがつらくて。だから，歌番組や漫才などを見てます。主人や兄たちが『やっと顔つきがもとに戻ったな』と言ってくれるけど，波があるんです」と話している途中に，幸子のお腹がグーっと鳴りました。幸子が「お腹がなったけど，食欲はない」と笑いながら言いますので，筆者は「大丈夫ですよ。今日は少し泣いて笑ったから。きっと食べられますよ」と応じ，面接を終わりました。

3 ●考察

幸子の会話から娘を亡くした悲嘆，苦しみ，そして受容の過程が見て取れます。周囲に心配され，気を遣われていた幸子でしたが，周囲にも悲しみを体験した人がいるとの見地に立てるようになり，それらの人々を支援することを考えたり，悲しみから回復した人に注目するなど，ぐんぐん力をつけていく様子に，筆者はただただ感服しながら傾聴しました。幸子は，娘を亡くした悲しみを抱えながら，喪の仕事を進め，落ち着きを取り戻し，笑顔もみせるようにな

ったのです。

　式の直前に食欲が落ち，蕁麻疹が出たその意味は何だったのでしょうか。筆者は，幸子が亡くなった長女の悲しみ，苦しみを思うとき，次女の結婚に際して長女の死をありのまま伝えられない苦しみと，もはや美味しいものを食べることもできなくなった長女の苦しみの追体験が関係しているように思います。そして，表現したいけれど表現できないつらさが，蕁麻疹という身体症状に現われたのではないでしょうか。

　このような解釈はあえて幸子に伝える必要もないと思われますし，実際に話していません。なぜなら，幸子は自分なりに納得し，面接を終結したのですから。

[三和]

事例3　ほどよい終結を迎えた心身症の事例

　ここでは，不眠，体調の悪さを主訴とした50歳代の女性の終結事例を考察したいと思います。クライエントの信子は，これまでにもセラピーを受けたことがありましたが，夫の転勤に伴い，中断になることもしばしばありました。信子にとって，セラピストとの話し合いによって迎える終結は初めての体験でした。ある意味，早い終結ともいえるのですが，全体的にみるとほどよい終結を選択したといえます。

1●事例

●**クライエント**：信子，初回面接時51歳（主婦）
●**主訴**：不眠，体調の悪さ
●**家族**：会社員の夫（52歳）と長男（15歳）長女（12歳）の4人暮らし。長男が非常に落ち着きのない子どもであったため，育児に関する心労は大きいものでした。
●**現病歴**：30歳の頃に食欲不振となり内科を受診し，心療内科を紹介され，カ

ウンセリングも受けたことがあります。そこでの治療は，転勤のために1年くらいで終わっています。その後，9年間くらい不眠があったものの，めまいや消化器系の身体症状が中心だったので内科に通院していました。40歳頃，消化器系の症状が悪化し，当時の内科の医師に心療内科を紹介されて安定剤を服用したことがありました。その後も何度かの転勤をくり返し，2か月前に当クリニックを受診しました。

2 ●面接経過

(1) 第1期（第1～3回：X年2～3月）――診断面接

【第1回】信子は「一番困っているのは身体的なこと」と，不眠や消化器系の症状を中心に話しました。精神的には長男の問題や長女へのいじめで目が離せない状況だったことを話しました。2年ほど前に初めて障害を指摘され，ご夫も真剣に考えるようになりました。主訴である症状のことより，子育てでの苦労をたくさん語った印象がありました。

【第2回】信子自身に焦点を当てて聞き始めた回です。信子は，自分の性格について語った後，生い立ちを話し始めました。その中で，頑張り屋の信子の母親もずっと消化器が弱かったという話や，きょうだいや母親との葛藤が話され，症状との関連がみえてきました。

【第3回】信子自身，母親との葛藤がテーマであると自覚しつつも，この問題を一人で抱えていたほうがいいのかセラピーの場でやったほうがいいのかを迷っていました。しかし，今やれば後の人生が楽になると思うと，セラピーを続ける決意をしました。家庭の事情もあり，治療構造は緩やかなものでした。

(2) 第2期（第4～10回：X年3～7月）――洞察を深めた時期

【第4回】子どもの頃，周りの大人たちの言葉で傷ついたという話から何らかのコンプレックスを抱えていることが推察されました。また，その処理がうまくできずに，身体症状として出現している可能性が浮上してきました。

【第5回】信子は，自分が小さい頃からずっと人の話を聴く役割を担ってきていることに気づきました。しかし，本来は自分から発信するタイプかもしれないと考え始めました。さらに，家にじっとしていなければならない状態になると調子が悪くなるという気づきを語りました。

【第6回】何かちょっとした言葉にひっかかってしまう性格であるという話が展開しました。信子は，自分が思ったことをなかなか相手に伝えられないもどかしさを感じるときがあるが，そのような場合に後々までひっかかってしまうのかもしれないと洞察を深めました。

なかなか言葉にして伝えられず，我慢していることに容易に気づけないときには，信子自身びっくりするような激しい言い方になってしまうと，いくつかそのような場面を思い出して語りました。

【第7回】長男が，情緒的なことを話すようになったという報告など，信子の変化が家庭にも反映していることがうかがわれました。これまで，信子の中に，家族間でもめることに強い抵抗感があったようですが，恐れてばかりいてはいけないのかもしれないというふうに気持ちが変化しているようでした。その影響もあってか，長女もふつうに親に反抗をするようになったと，長女の変化をよしとする発言が聞かれました。

【第8回】信子は，あるコンサートをきっかけに，子どもの頃に，バイオリンを習いたいと母親に打ち明けたとき，何の応答も返してもらえなかったことを思い出しました。しかも，当時，信子の妹はピアノを習わせてもらっていました。信子にとって，この思い出はとてもつらいものでしたが，最近，子育ての中で一人ひとり違うことに気づきました。そのときの母親の対応を了解したわけではありませんが，母なりに何か考えるところがあったのかもしれないという思いも同時にもてるようになりました。

【第9回】信子は長年抱えている消化器系の症状に関して，「小さい頃から言いたいことを言わないで我慢してきたから身体に溜まってしまったんだと思います」と語り，症状と心理的なものとが関連づけられるという洞察にいたりました。

この回は，初めて夫のことが語られました。小さい頃の対人関係のもち方は夫との関係にも反映されていました。あるいは，そのような関係性になる伴侶を選んだといったほうがよいのかもしれません。信子は夫に対しても，言ったことへの反応がいやなので「言いたいことを飲み込んでいる」と話しました。当然，信子のこのあり方は筆者との関係においてもくり返されているはずですが，信子はこの時点ではまだ否認していました。

信子は，「言わないことに慣れてしまっているので，少しずつ自分の気持ちを言葉にしていきたいと思う」と語りました。

【第10回】 信子は「子どもたちが，それぞれ反抗すること（反抗期）で成長が順調に進んでいるのだと今は理解しています。それでも，時どきは頭にくる」「しかし，長男が成長している点への気づきもたくさんあり，なかでも妹に対して優しい言葉をかけられるようになっている」と話しました。さらに，長男は，信子の身体を気遣うなど，母親に対しても優しさを示すようになっていきました。信子のセラピーの進み具合と連動するように，子どもたちの変化がみられ，また，その子どもたちの変化を信子が受け止め認めてあげられるようになっていました。

信子は「夏休みは3人で旅行に行くことにしました」と，嬉しそうに話しました。

(3) 第3期（第11～12回：X年8～9月）——自分の課題を明確にした時期

【第11回】 信子は，2人の子どもの成長にまつわる問題への対応をとおして自分と親との間にあった葛藤を見つめました。母親から受け入れられていなかったのではないかという不安が根底にあったことにも気づきました。その反動から子どもたちに対して手を出しすぎていたので，これからは少し見守っていきたいとも話しました。

信子は，一方的に聞き役になるのではなく，自分も言いたいことを言いながら人との関係をつくっていくという課題を明確にするとともに，この課題は日々の生活の中で少しずつ取り組んでみたいと希望を述べました。また「1か月くらい先にもう一度ここに来て，今思っているようにやっていけそうだと思っていたら，そこで終わりにしたい」とも述べました。筆者は，言いたいことを言葉にした信子の言葉と気持ちとを受け取ることにしました。

【第12回】 1か月後，信子は来室しました。そして，「いろいろな人の言葉に傷ついてきたことを考えていたが，自分が人を傷つける言葉を発したときのほうが落ち込むことに気づいた」「しかし，何となくしっくりとこなかった母親のことを許す気持ちになれたとき，自分のことも許していいのではないかと思えた」「このような大きなことに気づくきっかけとなった子どもたちを大切に

したい」と述べました。

　また，夫とのことも「伝え合える関係」になるべく努力し，楽しい老後を迎えたいと話しました。

　「今日の時点でも「大丈夫」と思えているので今日で終わりにする」という思いを，信子ははっきり伝えて来ました。筆者は，信子とその母親との葛藤が残っているであろうことには気づいていましたが，それにまたいつかどこかで信子が取り組むならばそれでもよいと思い，終結としました。

3 ●考察

　8か月以上の期間はあったにしろ12回というセラピーは比較的短いものといえるでしょう。その中で，信子が大きな仕事を成し遂げられたことについてはいくつかの要因があります。

　まず1つ目は，信子がこれまでとぎれとぎれではありましたがセラピーを受けていたことがあげられるでしょう。たとえ転勤によって中断を余儀なくされたとしても，やはりその一つひとつは早い終結となっていた可能性があります。その積み重ねがあったからこそ，今回機を得て一気にセラピーが進んだと考えられます。

　2つ目は，子どもたちが思春期になって親との関係がむずかしくなる時期にさしかかったことです。子どもの問題に悩み，子どもとの関係性に困惑したとき，そのことを考える過程で自分の母親との葛藤が再燃しました。そして，自分もまた母親という立場になったことで，母親との関係性を複眼的に眺め直すことができました。さらには，母親との葛藤を起源とする自分の性格によって，消化器症状が出現していたことにも気づいたのです。

　3つ目には，面接経過の中では記しませんでしたが，信子が現在よい人間関係に恵まれていたことです。信子がセラピーで気づいたことによって変化してくことを受け止め励ましてくれる人の存在も，セラピーを促進したといえるでしょう。

　このような要因が重なることは，やはり機を得たというにふさわしいと思います。特に，1つ目の要因はセラピーの終結を考えさせます。信子は必ずしも一度に大きな仕事を成し遂げなくてもよいのです。生活のペースに合わせて少

しずつ続けることもできますし，信子自身がそのとき立ち向かえる分ずつセラピーを続けるということも意味のあることです。そのために信子は必要以上に長い間身体症状に苦しむことになったのですが，最初にセラピーに通ったときに状況が許して続けていたとしてもセラピー自体が長くかかっていたかもしれません。

　今回は，自分が親の立場になっていたことが理解を深めた点でもあります。つまり，機が熟さなければわからないこともあります。信子のセラピーは，そのときそのときできる課題をこなし，それを続けてきたことに意味があるように思われます。もちろん，一般的には一気にセラピーを進める場合もありますが，条件が整っていない場合には積み上げていくセラピーも有効なのです。

　今回の終結も早い終結だったとするなら，何がこれまでの終結と違っていたのでしょうか。それは，信子が自ら終結の時期を希望したことです。「自分の言いたいことを言う」という信子自身が今後の課題としてあげたことが，まさに筆者との関係の中で実践されたのです。これを受けないわけにはいきません。まして，12回という短いセラピーではありましたが，信子はさまざまな洞察をしたのですから。

[寺沢]

事例4　入院のため面接が終了となった統合失調症の事例

　本事例は，診察と薬物治療の時期と，前セラピストによる面接の時期を経て，筆者が担当するようになった統合失調症の男性です。家族の受け入れが困難となり入院というかたちで面接が終了しました。

　筆者が，面接で表現された言葉や，表情，行動などの意味を見落とすことが多かったのに対し，それでも，クライエントは，表現し続け，起きてくることや流れを感じ取り，予測し「終わり」に向けて備えていました。そこでクライエントのその姿勢に負うこと（負わせてしまったこと）の多かった過程をふり返り，その意味を考えてみたいと思います。

1●事例

●**クライエント**：透，初回面接時20歳（治療開始時17歳）
●**主訴**：首，肩の痛み（硬直），醜形恐怖
●**家族**：両親，祖母，本人，妹の5人家族。父（50歳）は3人きょうだいの末っ子で，設備関係の自営業をしています。言葉より手が先に出ることが多く，乱暴で荒っぽい人です。新しい場所やなじみのない人は苦手で，緊張するほうですが，虚勢を張ります。透は父を嫌っていますが，表立っては逆らえず，その矛先は母に向かいます。母（48歳）は洋服販売員で，おしゃれで明るい女性です。透に対しては受け入れようとしますが，細かな情緒を汲み取ることはできません。妹（19歳）は学生で同居していますが，透とはあまり交流がありません。父方の祖母（78歳）が健在で同居しています。祖母は恵まれた家庭で育ち，わがままな人です。父方曾祖母との嫁姑の問題がきつかったので，母に対しても「嫁は苦労して当然」と思っています。透は家族全体に対して「みな無神経」と言っています。
●**生育歴・現病歴**：妊娠中悪阻はなく特に問題はありませんでしたが，母には父が全然協力してくれないという不満があったそうです。正常満期産で出生しました。首のすわりなどの運動面の発達も全般的に遅く，始歩は1歳5か月でした。始語も遅く，3歳過ぎでやっと文を話すようになりました。自分の思うことをうまく伝えられず，よくパニックを起こしていました。人見知りや後追いはみられず，身体接触や抱かれるのをいやがりました。まわりを気にしない子どもで，すぐにどこかへ行ってしまうので目が離せませんでした。

　幼稚園では集団行動が苦手で，小学校でも親しい友人はいませんでした。高学年になりいじめが始まりましたが，誰にも話しませんでした。中学でもいじめは続いていました。成績は中の下で，高校には進学しましたが，やがて不眠や幻聴を訴え，部屋に閉じこもるようになりました。

2 ●前セラピストによる面接経過

(1) 面接導入まで（X－2年4月～X－1年3月）

時どき家庭内で暴れる生活が続く中で，不眠がひどくなり，身体が硬直したのをきっかけに，17歳で医療機関を受診しました。定期的な診察と薬物療法が行なわれ，半年ほどで，圧迫感や恐怖感は和らぎ，母と話をしたり，そばにいるよう求め始めました。少し活動的になると，焦りがつのり，幻聴もひどくなってきたため，もう少し休養を取るようすすめ，家で自分のペースで過ごせることを目標としました。

(2) 前セラピストによる面接（X－1年3月～X年9月）

外出できるようになると，友人を求める言葉も聞かれ始め，集団療法への準備のため，1対1の関わりとしての心理面接が開始されました。緊張しながらも，少しずつ面接を楽しみにするようになり，家族に対する不満やいじめの話をして楽になるという経験ももてました。関係が深まっていったときでしたが，前セラピストの退職が決まり，筆者が引き継ぐこととなりました。また，同時期に母が病気で入院し，5か月間不在となりました。

3 ●筆者が担当となってからの面接経過

(1) 第1期（第1～8回：X年10～12月）――母の不在と不調

【第1回】透が「周りの人から笑われると思い，気になる」と語り始めました。筆者が「そう感じていたら外に出るのもすごく怖いよね」と言うと，透はうなずきながら「家族は自分のことをわかってくれていないと感じる」と語りました。一方で，ふだんの生活についても語る中で筆者に好きな本や漫画を尋ねてきました。

【第2回】透は帽子を脱いで，「前は友だちなんていらないと思っていたけど，今は少しほしい」と集団療法への意欲と不安を語りました。【第3～5回】母の不在に対する寂しさを語り，集団療法にも意欲はあるものの，外出に対しては恐怖感があるようでした。幻聴と不眠で面接をキャンセルすることもあり，外出に対する不安や恐怖はかなり大きいものでした。

【第6～8回】幻聴が強くなり，さらに不調が続きました。両親に対するい

らだちも述べましたが，母の退院が決まらないことが不安につながっているようで，透自身も，「母が退院すれば少しよくなると思う」と言いました。

（2）第2期（第9～15回：X＋1年1～3月）──集団への参加

【第9回】母の退院で「安心した」と語り，【第10～12回】集団療法に参加し始めます。緊張しながらも楽しめ，面接ではどうやったら仲良くなれるかを聞いてきました。笑顔も見られました。【第13～15回】集団になじみ始めた一方で，小さい頃のエピソードを話し始めました。この頃筆者は気づかなかったのですが，待合室でメンバーに挨拶され，非常に驚愕するなど，精神的に動揺が起きていたようです。

（3）第3期（第16～23回：X＋1年4～6月）──動揺

【第16～18回】「過去に対する後悔が強くて，イライラしている」と家で荒れ始めました。面接では「何も変わらない」と声も小さく，ふっと父への怒りや自分の存在を否定する言葉が出てきました。そして集団には参加できなくなっていきました。【第19，20回】「ふつうに過ごしている。眠れている」【第21～23回】「治らない病気なのに生かされたらいっそ死にたいと思わないんですかね」「両親が会わなかったら僕は生まれなくてすんだのに」とつらさを言語化しますが，筆者には，その言葉の本当の深さやつらさを理解することができていませんでした。

（4）第4期（第24～30回：X＋1年7～9月）──入院へ

【第24～26回】「別に何もない」と言いながら，両親の話になると語気が荒くなります。また，両親がそろって来院され，家での暴力がかなり激しくなっていること，「自分はどうして生きているんだ」と言ったときに，父が力で抑えつけたことが明らかになります。両親の努力もあって一度は落ち着きますが，家での受け入れは困難となり，【第27回】入院の話が出ます。透は入院を拒絶し「面接も来たくない」とキャンセルが続きます。家では食事もとらず入浴もしなくなっていました。しかし，「苦しくなったら連絡はできる」とも話していました。【第28回】透は「もうこんな体いらない，ここにも来ない」と言いました。筆者が「何かできることあれば。困ったら連絡してほしい」と言うと透は「電話番号を知らない」と言い，電話番号を書いたメモを持って帰りました。

【第29回】筆者は母より「前セラピストとはあっさり別れたようだったけれど，実はとても大切な先生だった」と聞き，引き継ぎの際にきちんとその寂しさを扱えていなかったことがわかります。

筆者は両親と入院の話をし，そのことを家で透に伝えてもらいました。**【第30回】**透は朝早く起きて来院しました。筆者は「来てくれたことありがとう」と伝えました。透は電話番号の紙も手に持っていました。入院の説明をすると首を振りましたが，やがて小さくうなずき，面接を終了しました。

4 ●考察

本事例では，2つの終結が存在します。ひとつは前セラピストとの関係で，もうひとつは，筆者との関係で，適応が困難になった家を離れ，より深く積極的な関わりとなる入院に引き継がれたことです。

筆者が面接を引き継いだ当初，透は前セラピストのことを，「何だかよくわからなかった。何やっていたかと言われても…これからも特に変わらない。グループに行くよう言われたけれど，どうなんですかね」と表情を変えずに淡々と語りました。第3期で，前セラピストの話題を頻繁に出したときも，やはり語調は淡々としたものでした。

しかし，病態の重いクライエントであればあるほど，人と繋がったり，言葉に表現することが，たいへんであることを考えると前セラピストとの別れと母の不在は透にとって非常に重いものです。大きな負荷となる集団にも参加しようとしたのも，おそらく前セラピストとの約束があったからこそでしょう。その重さと，透のつらさに筆者が気づかなかったことは大きな問題であったと思われます。透が筆者を「生まれ変わるならゾウはどうですか？ 大きいし，のんびりしているし」と評したことがありましたが，ゾウという動物のもつ性質を考えると，届かなさ，鈍さの隠喩であったようにも考えられます。

そのような状況であったにもかかわらず，透は必死にサインを出し続けていました。追いつめられ，家での生活が困難になっても，何とかしてつらさを表現しようとしていました。筆者との終結を迎えるにあたっても，状況を感じ取り，予測する力や態度の真剣さは筆者の予想をはるかに上回るものでした。

最後の面接になることがわかっていながら来院した透の姿は，入院に対す

るこころの準備を思わずにはいられません。クライエントの真摯な姿勢に負った（負わせてしまった）ところの大きさを痛感するとともに，感じ取る力の鈍さを肝に命じることが，セラピスト側にでき得る，せめてもの作業だと思われます。

[西川]

事例5

達成感を支えに生きてきた女性ピアニストの事例

　本節では，母親の期待にこたえようとピアノ演奏に打ち込んできた女性の事例を取り上げます。クライエントは力動的心理療法による面接を重ねるうちに，母親との葛藤を意識化し，幼児期の母子関係について洞察を深めていきました。そしてそれと平行して，抑うつ感，空虚感を強く体験するようになりました。クライエントにとって洞察を得ることは，「お母さんに何でもわかってほしい」子どもの気持ちを断念すること，つまり幼児的願望と万能的な母親像を喪失する体験でした。

　ところが筆者は，こうしたクライエントの内的対象喪失の痛みを十分に理解していませんでした。その結果，早すぎる終結を迎えることになりました。この失敗事例をとおして，喪失体験としての洞察と終結をめぐって考察したいと思います[★4]。

1 ●事例

- **クライエント**：ヒロコ，初回面接時32歳
- **主訴**：母との関係を考えたい（めまい・吐き気）
- **家族**：両親と3歳年上の兄との4人家族で育ちました。父親（63歳）はヒロコが幼い頃から単身赴任で不在がち，ヒロコによると「家の実権は母（60歳）がすべて握っていた」とのことです。
- **生育歴・現役病**：ヒロコは右足に生まれつき障害があり，歩行が不自由です。日常生活に大きな支障はないものの，定期的に医療機関に通院しなければな

りません。学校生活では，体育の授業などで一定の配慮を必要としました。母親は「身体に障害があっても人より秀でた才能があれば障害を克服できる，人に認められるような職業に就ける」と考え，ヒロコが3歳になるとピアノを習わせました。ヒロコは「お母さんの言う通りにしないといけない」と感じて，人一倍熱心にレッスンに打ち込みました。

　長年の努力の結果，某有名音楽大学に進学，大きなコンクールで賞を数回獲得しました。大学卒業後は，演奏活動を主な仕事とし，周囲からは才能に恵まれた若手ピアニストとして順調に伸びていると評価されていました。しかし，ヒロコには小さなミスをいつまでも気に病む癖があり，30歳を過ぎた頃からは，演奏の依頼を引き受けるたびに「失敗したらどうしよう」という不安を強く感じるようになりました。

　来談する3か月前，ヒロコは大きなコンサートの準備に追われていました。コンサートの日は偶然にもヒロコの母親の誕生日で，母親をコンサートに招待することにしていました。当日が近づくにつれ，ヒロコは「失敗は許されない」というプレッシャーに苦しむようになり，眠りが浅くなりました。そして疲労が募った状態で当日を迎えました。ヒロコは今までになく演奏に集中できなくなり，不本意な出来栄えとなり，「ひどい失敗をした。母の期待にこたえられなかった」と自分を責めました。この日を境に，ピアノに向かうとめまいと吐き気が起きるようになりました。

　いくつかの内科外来を受診しましたが，改善しないので，筆者の勤務する精神科外来を受診しました。「身体の症状がよくならないのは，母との関係が負担になっているからだと思う。母の期待にこたえようと思いつめている自分は，おかしいのではないか。母親との関係を考えたい」というヒロコの希望から，筆者による週1回50分の力動的心理療法を開始しました。

2 ●面接経過

(1) 第1期（第1～22回：X年5～10月）――怒りと罪悪感の板ばさみ

【第1～18回】ヒロコは，めまいと吐き気がありながらも，仕事を休みませんでした。筆者が休養をすすめると，「休むのが怖い。周りからおいていかれるような気がする」と言いました。筆者が「周りからおいていかれるという

と？」と問うと，小学校時代を回想し，「体育の時間はいつも特別扱いでみんなからおいていかれると感じていやだった。母に『体育の時間がいやだ』と言うと，『その分，音楽の授業で頑張りなさい。あなたはみんなよりピアノができるのだから』と返されました。母はつらい気持ちをわかってくれなかった」，「小さい頃からピアノが弾ける子はみんなライバルに見えた。だから，友だちがなかなかできなくて，孤立していることが多かった」と涙を流して語りました。そして，「母はいつも『頑張れ，頑張れ』しか言わない。うまく弾けても『上手だね』とほめてくれなかった。間違ったときに『残念だったね』と慰めてくれなかった」と膝の上でこぶしを握るのでした。その一方，「身体の具合が悪くてピアノが弾けないと罪悪感を感じてしまう。母は私に音楽教育を受けさせるため，経済的にも大きな犠牲を払ってきた」とすまなそうに言います。そこで筆者が「お母さんに怒っている一方で，申し訳ないとも思うのですね」と応じると，「そう，だから苦しい」とうなずきました。こうしたやりとりをくり返すうち，めまいと吐き気は徐々に改善していきました。

【第22回】「少しは休んでもいいのかなと思えるようになって楽になった」と報告するとともに「先生，私はこの面接でうまく話せていますか？　先に進んでいますか？」と評価を気にしました。筆者が「今度はこの面接で頑張っていやしませんか？　ピアノと同じように。まるで私がピアノの先生みたい」と指摘すると，ヒロコは，はっとして「先生には成果をお見せしなければならないと思っているので……先生からの評価が気になるのです」と答えました。そこで「成果を評価されること，それがヒロコさんの支えだったのでしょうか？」と問うと，「ああ，そうです……常によい評価を求めて，演奏してきたような気がします……」と言い，ピアノ一色の生活のために年齢相応の遊びを体験してこなかったことを寂しげに語りました。

(2) 第2期（第23～33回：X年10月～X＋1年3月）――自分の子どもっぽさに気づく

【第23回】すっきりとした表情で来談し，「母はどうしてわかってくれないのだろう，認めてくれないのだろうと思っていたが，わかってくれると思っている子どものほうが間違っているのではないか，幼稚ではないかと気づいた」と語りました。さらに「母は幼い頃，養女に出されて実の親にほめられることな

く育った。母に私のつらい気持ちをわかってもらいたいと思っていたけど，母自身，つらい気持ちを実の母にわかってもらえなかった寂しい子どもだった。だから母が子どもの気持ちを受け止められないのもしかたがないことだと思う」と述べました。筆者はヒロコが重要な洞察に達したと捉え，「子どもの立場で『わかってよ，わかってよ』と要求するばかりじゃなくなった。少し客観的にお母さんをみられるようになったのでしょうか？」と言うと，「ああ，そうですね。少し，母をいたわる気持ちが出てきました」としみじみと言いました。【第24回】ヒロコは「母にすべてわかってくれと思わずにすむようになってぐっと楽になったので，面接の頻度を隔週にしたい」と申し出ました。そこで面接の目標について話し合うと「母親を受け入れられるようになりたい」という希望が語られました。面接は隔週ペースに変更しました。

　【第27回】ヒロコは数年ぶりに好きなピアニストのコンサートに行き「今までのがんじがらめの自分が緩んできて，こころの底から楽しい，音楽と触れることが嬉しいと感じられた」と生き生きとした表情で報告しました。その様子を筆者も嬉しく思い，「本当に音楽が好きなのですね」と言うと，ヒロコは笑ってうなずきました。それから，ふっと寂しい表情になり，「子どもの頃母に，『この曲が好き！』と言ったことがあるが，母にはその曲のよさがわからなかった。なんで好きな曲が母にはわからないのだろうとずっと思っていたけど，母は別の人間なのだから，私と同じように100％わかるのは無理だった。どうして今までそのことがわからなかったのだろう……結局，それが問題だったのかもしれない」と核心をつき止めました。筆者は，ヒロコがこころの奥深いところで，何でもわかってくれる万能な母親像を求めていたことを理解しました。

　【第29回】今までのレッスンの歴史をふり返り，「やはり一番好きなこと」と述べた後，長い沈黙となりました。「どんなことがこころに浮かんでいるのでしょうか？」と筆者が問うと，「○○というエチュードが聴こえているのです。これはとてもむずかしい曲。でも，弾けたときにはとても感動する」と答えました。その曲を知らなかった筆者はヒロコの語るところを追体験できず，内心，戸惑いと悲しみを覚えました。この様子はヒロコに伝わったようでした。2人の間に何かしっくりとこない雰囲気を残したまま面接の終了時刻となりました。

(3) 第3期（第34～42回：X＋1年3～7月）——目標を失った虚しさと突然の終結

【第34回】 ヒロコは身体的ハンディキャップに触れ，「思い通りにならない足，その分，両手はいくらでも思い通りにすることができると思って，がむしゃらにやってきた。手にずいぶん無理させたと思う。手も疲れている。少し休ませてあげたい」と言いました。そして思い切って1週間の休暇をとり，その間，ピアノにまったく触れずに過ごしました。これはヒロコにとって初めての経験でした。筆者は「手は足の分まで頑張ってきた。ねぎらってあげたいですね」と休暇を肯定的に評価しました。

【第36回】 ところが，休暇後の面接に現われたヒロコの表情はさえませんでした。「思い切って休んだら，またはりきって弾けるかと思ったけど，なぜか弾く気分になれない。仕事ではなくて自分のためにピアノを弾こうと思っていたのに，すごく虚しさがある。目標のために頑張らなくていいとなったら，何を頑張ったらいいのか」と放心したように言いました。「頑張らなくてもいい，頑張る目標がないと虚しい？」と筆者が問うと，ヒロコは「達成して人に評価されることで自分を支えてきた。目標がないと拠り所がなくなってしまう」とうつむいてポツリと答えました。**【第38回】** ヒロコは抑うつ的になり，レッスンできない日々が続きました。筆者は，「手もヒロコさんも頑張り続けてきたのだから，ここで少しゆっくりしてもいいでしょう。焦らないこと」と応じました。その後2か月の間，抑うつ感は一進一退で，ヒロコは最低限の仕事をやっとの思いでこなしていました。

【第40回】 突然，「実は，来月から温泉のあるサナトリウムに入って，しばらく足の治療に専念することにしました。足にも相当無理がきていて，主治医からも本格的な療養をすすめられていました。しばらく休職して，今後は身体と相談しながらゆっくり復帰したい。サナトリウムに入るのを区切りにこの面接を終わりにしたいと思います。先生にはたいへんお世話になりました」と述べました。筆者は，突然の終結の申し出に驚き，サナトリウム滞在のアイディアを，なぜ，今まで話してくれなかったのか，疑問を感じましたが，それには触れずに「足のケアも大切なこと。無理のないペースで仕事を再開して，そして長続きできるといいですね」とヒロコの選択を肯定的に受け止めました。

【第42回】 最終回でヒロコは，「先生にお話しすることで，母親との問題がだんだんと整理できました。一人ではとても解決できなかったと思います。ありがとうございました」と感謝の言葉を述べ，「サナトリウムから，先生に手紙を出してもいいですか？」と質問しました。筆者は「はい，もちろん」と答えました。しかし，その後，ヒロコからの便りはありませんでした。

3 ●考察

ヒロコにとってピアノ演奏は，母親に認めてもらう手段であり，身体的ハンディキャップを補償する手段でした。そのため，遊びを犠牲にしてまでレッスンに打ち込む強迫パーソナリティを形成することになったと考えられます。

第1期で，今まで抑圧してきた母親に対する怒りが自覚され，第2期になると，怒りの背後にはさらに深い問題が潜んでいることが明らかになりました。「母がつらい気持ちをわかってくれなかった」という怒りの奥底には，「子どもの気持ちを何でもわかってくれる」万能な母親を求める気持ちが存在していたのです。こころの奥深くに万能的な母親との一体化欲求が存在していたことを洞察したヒロコは，怒りから解放されるとともに，万能的母親像という内的表象を喪失し，幼児的な一体化欲求を断念する痛みに直面することになりました。そして，まさにそのとき，セラピストとの関係においても，ひとつの喪失が体験されます。セラピストも母親と同じように，ヒロコがこころ惹かれる曲を理解できなかったのです。このエピソードは，幼児的な母子関係を断念しなければならない現実をヒロコにつきつけることになったと考えられます。

第3期で，ヒロコが，隔週の面接を希望し，第3期で初めての休暇を取り，サナトリウム治療を理由に終結を申し出たのは，万能的母親像を失ったショックのためでした。ヒロコは今まで，万能な内的母親像に認めてもらうことを目標に頑張り続けてきたのだから，その目標を失った後に深刻な抑うつ状態に陥ったのは，ごく当然の成り行きでした。しかし，当時の筆者は，洞察に伴う内的喪失についての理解が不十分で，「休めるようになったこと，頑張って面接に来なくてもすむようになったことは，ヒロコの強迫傾向が緩んできたためで，いい変化だ」と捉えていました。そのため，ヒロコの申し出を安易に受け入れ，面接頻度を変更し，早すぎる終結を受け入れてしまいました。

第3期でセラピストが果たすべき仕事は，クライエントが内的母親像の喪失を十分に悲しめるよう，抑うつ感に寄り添うことでした。たとえば，次のように伝えられていたら，クライエントの悲しみのプロセスを支えることができたかもしれません。「もう，お母さんに認めてもらうために頑張らなくてもいいのだと気づいたけれども，これまでのヒロコさんは，認められることを目標に頑張ってきたのだから，がっくりきてしまって，やる気がなくなってしまった。それは無理もないと思います」「これまでの生き方の問題に気づいたら，今まで頑張ってきた歴史が否定されたように感じて，落ち込んでしまいますね」「頑張って目標を達成して，評価されることを支えに生きてきたのですから，この生き方から離れるのは，たいへんなことですよね。どうしたらいいか，わからなくなってしまいますよね」。

　終結後，ヒロコからの便りはありませんでした。これは，クライエントの内なる喪失を支える対象に筆者がなり得なかったしるしだと，受け止めています。

★4　本事例は，クライエントのプライバシー保護のため，筆者が担当した複数の事例を合成し，社会的背景などを大幅に変更したものです。ただし，クライエントと筆者との関係性やクライエントの心理力動について，本質を損なわずに記述しています。

[遠藤]

事例6　スクールカウンセラーとして関わった不登校の事例
──クライエントの卒業までにできること──

　ここにあげるスクールカウンセリングの事例では，約束された終結のときが近づくにしたがって，クライエントはセラピストと関わっている時間の意味を意識していきました。そして，卒業に向かって，しだいに明確な目標をもつようになり，クライエントの人生の門出を共同で脚色していった流れをもとに，約束された終結のもたらす意味について考察したいと思います。

1 ● 事例

● **クライエント**：卓司，初回面接時13歳（中学2年生）
● **主訴**：不登校，対人恐怖
● **家族**：父母，母方の祖父母（72歳と63歳），本人と妹の6人家族。父親（45歳）は，中堅企業の事務職に就いており，優しく穏やかですが，肝心な話題になると照れ笑いが多くなり，問題に直面することを回避しがちです。母親（38歳）は，パート勤務で，人に頼らずにてきぱきと仕事を片づけていくタイプですが，肝心なことを子どもや夫にうまく伝えられないところがあります。祖母の発言で家族がまとまることが多く，子どもたちとの会話も祖母が引き受けているようでした。妹（10歳）は小学校5年生で，臆病で頼りない卓司を支えるかのようにいつも行動を共にしてきました。
● **生育歴・現病歴**：両親が結婚してから3年目に卓司が生まれました。妊娠中から母方の祖父母と実家で同居していたため子育ての多くの部分を祖母が引き受けてきました。卓司は3歳で保育園に入園し，5歳で幼稚園に入園しましたが，登園渋滞があり，小学校でも徒歩5分の距離をほとんど祖母に送られていました。中学では同級生の誘いで通学するようになり，祖母も玄関で見送ることにしました。卓司の通った中学校は2つの小学校区から入学する公立校でしたが，小学校での友人が他の小学校から来た同級生とつき合いだすことで，しだいに卓司は一人で過ごすことが多くなりました。そして，中学1年の5月頃になると卓司は「学校は怖いところだ」と訴えだしました。いじめがあったわけでもなく，両親には卓司の訴えていることが理解できませんでした。2学期の始業式には登校しましたが，その後腹痛や微熱を訴えては休みだし，9月中旬には全く外出ができなくなり，不登校状態になりました。

2 ● 面接経過

(1) 第1期（第1～8回：X年4～9月）──母親面接を中心として

【第1回】卓司が中学2年になった4月下旬，A中学校の相談室に母親が来談し，「卓司は，学校は怖いところだと訴えて休みだしたのですが，その意味

がよくわかりません。学級担任の説明では，いじめはないそうですし，週末に同級生が家に寄ってくれるときには一緒に遊んでいます。昼間に外出しようとはしませんし，人に出会う場面はいやがります。学校を休みだした頃に病院の心療内科を受診しました。強いストレス反応で，ゆっくりと休ませたほうがよいと説明されたので，刺激をしないように休ませていたのですが，それっきり外に出られなくなってしまいました」と話しました。【第2〜4回】隔週の面接の中で母親は，卓司の生活の様子や生活のリズムを崩さないように配慮していることなどを話しました。いつか卓司が元通りになり元気に登校する日が来ると信じて疑わない様子で，「治ること」が中心に語られていました。【第5〜7回】登校にいたらないまでも，早起きして犬を散歩させたり，筋力トレーニングをしたり，休日には家族そろって釣り堀に出かけたりするようになりました。このように，しだいに「できること」が中心に語られるようになりました。【第8回】仮に登校できるとしたら，どんな条件でなら可能なのかということが，冗談半分に語られました。「誰もいない深夜，変装して，あるいは大きな箱に入れて運んでもらうとか……」。筆者が「現実離れした話ですが，それで登校できたらいいですね」と言いますと，「卓司と話してみます。馬鹿げた話は大好きです」と答えました。

　(2) 第2期（第9〜30回：X年9月〜X＋1年3月）──放課後面接を中心として

【第9回】この回から母親と卓司の同席面接となりました。筆者と卓司は将棋を打つことになったのですが，面接時間いっぱいを費やしても勝負がつかなかったのです。卓司は筆者と1週間後の再会を積極的に約束しました。【第10〜21回】卓司は，生徒が下校した後，母親に連れられて来談しました。卓司は筆者と対戦型のゲームをすることを毎回楽しみにしており，内面で何かと戦う準備が進んでいることが感じられました。母親は，生き生きとしていく卓司を見て，「今はこれでよいのでしょうね」と納得をしていたようでした。【第22〜30回】担任や養護教諭の協力を得て，下校後の体育館でバトミントンなどの運動をしました。

　(3) 第3期（第31〜50回：X＋1年4〜11月）──別室登校を中心として

【第31回】卓司が3年になった4月，母親が一人で来談し，「初めは登校して

くれるのを願っていました。1年間をふり返ると，卓司は元気で意欲的になってきましたし，中学生もあと1年になった今，次のステップに進んでほしいと思っています」と話しました。【第32回】午前10時に予定されていた面接に卓司も一緒に来室しました。「学校に探検に行くと言って来たんですよ」と母親がいいますので，筆者は卓司に「よく来てくれたね。昼間の学校でもできそうなことを探してみよう」と言いました。と，そのとき，相談室前の廊下を生徒たちが話しながら通りました。卓司は，急いで席を立つと相談室の隅のロッカーの陰にうずくまり，「もう行きましたか。びっくりした。やっぱり昼間は怖い」と言いました。筆者が「大丈夫だよ。ここは安全地帯。卓司君は私が守るから」というと卓司は少し安心したようでした。【第33～41回】母親の送迎で，午前中の1時間を相談室で過ごすようになりました。卓司は人生ゲームをしながら，将来の職業や生活について語りました。【第42～50回】この頃から卓司は，相談室に隣接する空き教室で昼食をとることができるようになりました。また，担任から渡される学習課題にも部分的に手をつけるようになりましたが，依然として他の生徒がいる教室には近づこうとはしませんでした。

(4) 第4期（第51～62回：X＋1年12月～X＋2年3月）――門出へのカウントダウン

【第51回】筆者が「君と会えるのも今日を含めて12回しかないんだ」と言いますと，卓司は「それは，ちょっとショックな現実です」と答えました。筆者はさらに，「最近，私は卓司君のために何ができるのかとよく考えるんだ」と話しました。【第52回】卓司は，「卒業までに，この学校で教室に入れるとは絶対に思えないけど，定時制高校に行きたいと思うんです。10人くらいのクラスだって聞いたので，それくらいの人の中に入れるようになりたい。それと，勉強は嫌いですけど，一応受験するのでやる気にさせてほしい。それが先生へのリクエストです」と筆者に言いました。【第53～61回】A中学校には卓司と同様に，教室に入れない生徒が他にもいました。彼らとその母親，そして担任や養護教諭にも協力を求めたところ，バドミントンをみんなでやろうという話になりました。生徒3人とその母親（父親が参加したこともありました）や教師など，毎回10～12人の集まりができました。卓司は毎回違った人とチームを組んで，他のチームと戦う経験ができました。一方，相談室では受験準備のため

の比較的簡単な問題の出し合いをしました。卓司は，筆者が答えられない問題を出しては得意気でした。【第62回】卓司は「この学校の何がどう怖いのか最後までわからなかったんです。でも，定時制高校に行くのは怖くないんです。そこにいるのは，バドミントンの仲間たちのような気がしてます」と述べ，定時性高校へ進学しました。

3 考察

この事例では，卓司の卒業と同時にセラピストとの関係が終了することが前提になっていました。家族からの分離という発達課題でつまずいてきた卓司にとってセラピストとの別れを乗り越えることは，卓司の成長を促す大きな意味があったと考えられます。

第1期では，ライフステージの移行に伴って，今まで通りにいかなくなったことが問題として意識され，母親は「治ること」を願い，卓司は混乱し，自信を喪失していました。この期間のセラピストの母親に対するはたらきかけは，「とりあえず今できていることと今後できそうなこと」に視点を向けさせることでした。第2期では，「できること」を体験していく中で卓司の自信が回復していき，「変化していくこと」を肯定的に受け止めていったと考えられます。母親の目にも，当初願っていた「治ること」とは違うけれども，卓司が元気になっていく様子は肯定的に映っていました。

第3期になると，「変化していくこと」，つまり自分自身が成長していくことを促進させようと，卓司も母親も意識的に挑戦を試みます。

第4期では，いよいよ面接終了のカウントダウンが意識されます。卒業という人生の門出と，その準備として何ができるかを卓司自身が強く意識しています。この期間のセラピストの役割は，卓司の門出のイメージを大切にし，課題への解決方法の考案や場面設定に協力することでした。第2期，第3期を通じて卓司は挑戦すればできる自分や，変化（成長）する自分を体験し，自信をもっていました。したがって，主体的に門出の脚色の協力者としてセラピストを利用することができたのだと考えられます。

終結が近づくにしたがって，卓司はセラピストとの時間の意味を意識し，卒業に向かっての明確な目標をもつようになりました。クライエントにとっての

約束された終結のときは，セラピストとの関わりをとおして卓司の人生の門出として脚色されていったと考えられます。

[阿部]

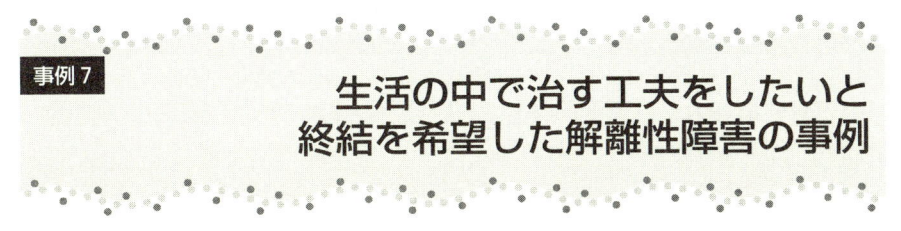

事例7

生活の中で治す工夫をしたいと終結を希望した解離性障害の事例

　本事例は，解離性障害を訴えた女子青年です。彼女の母親には治療において彼女を支えるだけの力がなく，「今は一人でその治療に取り組むことはできない，生活の中で治す工夫をしていきたい」と，彼女は自分から希望してカウンセリングを終結しました。

1●事例

●**クライエント**：由美，初回面接時20歳（大学1年生）
●**主訴**：ときにまるで違う自分になってしまうのをコントロールできない
●**家族**：両親，祖母（78歳），本人と姉の5人家族。由美によれば，父親（56歳）はエリート公務員で，自分が絶対正しいと思っていて，人の話を聞きません。由美は小さい頃からいつも理詰めで厳しく叱られて，何も言い返せないできました。母親（54歳）は幼児期に父母と死別して養母に育てられ，勉強に頑張ることで逆境を乗り越えてきました。仕事一筋のキャリアウーマンで，仕事の誇りだけが支えのような人です。姉（23歳）が，高校のときに「3人の自分がいる」と言っていたので，由美は姉も自分と似たような体験をしていると安心したようです。
●**生育歴・現病歴**：小学校までは明るく楽しい学校生活を送りました。中学でひどいいじめを受けて人を信じられなくなり，以来人間関係でどうしていいかわからなくなりました。高校とその後の予備校での浪人生活では不眠や気分の変化に悩み，学内でカウンセリングを受けました。心療内科も受診しましたが，投薬だけなので通院はやめてしまいました。カウンセラーから大学ではきちんとやり直すようにアドバイスされていましたが，気がすすまずに

いたところ後期試験の前に再び違う自分になってしまったため,筆者のいる学生相談室にやって来ました。

2 ●面接経過

(1) 第1期(第1～8回:X年1～3月)——母を伴って来るまで

【第1回】「今日昼過ぎから変になってきて,性格も考え方もしゃべり方もまるで違う自分になってしまった。自分でも何をするかわからないので怖い。いつもとまるっきり違う自分を見せることになるので,こうなったときは人には近寄らない。親しい人に会っても初めて会ったような感じがするし,その間の出来事は後でよく覚えていない」「カウンセリングで話すとすごく落ち込んで勉強もできなくなるから,来ないでやっていこうと頑張ってきたのに……」「私のこういう状態は迷惑で邪魔になるから,親には言わないで早く治したい」と時どき不自然な間をあけながらも突き動かされるように話しました。2時間ほどで落ち着き,相談室の精神科医の予約を入れましたが,その精神科医と会って医療機関受診をすすめられましたが拒否したため,筆者が面接し,経過をみて精神科受診をすすめる方針としました。【第2,3回】「初めてのときは,あと1週間生きていけるのかと不安だったし,手首も切りそうで,心理的にホントにひどい状態だったと思う。でも母は医療にかかることを弱いからと言うだろうし,親には弱みを見せられない」「両親は学歴も職業人としても立派だが,中学でひどくいじめられたときは,私にその理由があるはずといって全く助けてくれなかった」「一度母を刺そうと思ったが,包丁がなかったので刺さないですんだ。カウンセリングを受けるのは自分が弱いからだ。話すとかえって悪くなるのにこころをえぐってでもやらなきゃならないのか。前のようなつらい思いはもうしたくないが,来て話したい私もいる」と由美は複雑な思いをくり返し述べながら,その後も断続的に来所しました。【第6回】由美は「最近外に出ると自分の意志で動けなくなって,外からの何かに動かされそうになるので怖い。家にいると自分を出せなくてつぶされる気がするのに,家に入ると怖くて外に出られなくなる」と語りました【第7回】由美は「思い切って母にカウンセリングに行っていると話したら,カウンセリングでよくなった人なんか聞いたことがないと言われた。母は家でも仕事をしていて,うるさいから

話しかけないでと言われてしまう。でも母には仕事しかなくて，その支えを壊しちゃったらかわいそう……」と沈んだ調子で話しながらも「今度母を連れて来てもいい？」と母親へはたらきかけてみる気持ちになったようでした。

(2) 第2期（第9〜15回：X年4〜5月中旬）——母との向かい合い

　1か月後に母親同伴で来所しました。【第9回】由美は「多重人格になりかけたくらいたいへんな中で，頑張ってきたのをわかってほしい」と訴えました。最初は「仕事が大事だ」と言っていた母親でしたが，そんなにひどいのかと驚き，「私は親もなく一人でやってきて，情緒的なものがたりないと感じているので，どうにかしてあげたくてもできないと思う」と言いました。筆者が，「たいへん心配な状態です。お母さんの助けがぜひ必要なので一緒にやっていきたい」と言うと，「娘がよくなるなら半年間来てもいい」と由美との同席面接に同意されました。その後母親は仕事を減らし，由美の話を聞く努力をしてくれるようになりました。【第11回】「感情の起伏が激しくてつらい，こころの便秘を今出しているみたい。家で緊張していたのが少し楽になった。でも眠れない」と少しおだやかな表情になりました。【第12，13回】由美は「母もやっと立ち止まってくれて，変わろうとしてくれたり，ここに来てくれるのはありがたいと思う」と少し子どもっぽくなった様子で語り，母親は「家で大荒れ，眠れないようだし。学校を休む日も多いが，私が娘としっかり向き合って2時間も話した夜は，よく眠れたらしくて嬉しい」と少し自信もみせました。【第13回】父親の浮気を知って母親は「逆上してしまった，自分が子どもになっていた。悔しくて腹が煮えくり返っている。私のほうがカウンセリングしてほしいくらい」と訴えましたので，母親自身のための時間もとることにしました。母親が「これまでのように，君に向いていられないかもしれないけど，わかってね」と言うと，由美は「自分の気持ちに正直でいいよ，別れたらそれでもいいし」とさめた様子で答えました。【第14回】「家と友だちと学校と自分がすごく違っていて苦しいし，疲れる。自分がすごく汚いと思う。母が変わろうとしているのはありがたいけど，遅すぎる。カウンセリングも母のために連れて来ただけ。早く親から離れていきたい」とイライラしていました。【第15回】母親は父親が別れをほのめかしたことでさらに混乱して，娘のことどころではない様子でした。それに対して由美は「学校を休んでもわかってくれるようなの

で楽でいられる。親のことは自分たちでやってほしい」と突き放した口調で言いました。

（3）第3期（第16〜27回：X年5月下旬〜8月）——あきらめから別れへ

【第16，17回】「眠れなくて疲れる。母には私の苦しいのをわかってほしかったけど、今は母に自分のことは自分でやってほしい、私は私のこと自分でやるから」という由美に、母親は「娘に早く大人になりなと言われている」と、娘にいたわられていることにもあまり気がつかない様子でした。【第19回】「自分を責める夢はなくなったけど、みんなに遅れちゃうんじゃないかと不安で寝坊できない。どんなにあがいても追いつけないような何かが欠けている気がする」「父は叱るけど、母は自分の世界でキーキー怒っちゃう、そうすると私は自分がわからなくなっちゃって、自分が消される気がした。家は気持ちのうえでは牢獄。母がここに来てくれて、私も泣きながら話せてちょっとは変われたと思うけど、母はもともとに戻っちゃった」と少しなげやりになっていました。【第22回】「親にはもうわかってもらえないし、あきらめている。両親のことは、母をここに連れて来たことで精一杯、両親と向き合うなんてそんなたいへんなことできない」と涙を見せました。以後、「カウンセリングが進んでいない」「もう来たくない」「支えてくれる人がいないとカウンセリングはつらすぎる」というカウンセリングへの迷いや、「理論に当てはめられて決めつけられるのはいやだ」という父親の影を筆者にぶつけていると感じさせる言葉も出るようになりました。由美が夏休みに3週間の海外語学研修に行きたいというと、両親は迷いながらもそれを許しました。【第26回】「研修に行ったら、もうここへは来ない。来ると落ち込むし、何もかも話してるわけじゃないのに、先生は決めつけて、自分の言うことを絶対正しいと思っているし。歪んでいてもいいから、カウンセリングじゃなくてふつうの生活の中で治したい」と由美は一方的に終結を宣言しました。筆者は、とにかく研修から帰ったら会いに来てほしいとだけ告げました。【第27回】1か月後、「旅行では仲間の人たちとうまくやれて自信になったし、よく眠れた」と由美は元気な顔を見せました。筆者が「前に私に言ったことは、お父さんに言いたいことと同じだよね」と訊くと由美は「私もそう思った」と言い、父親転移の確認ができたので、筆者は「今お父さんに何か言うには力不足で聞いてもらえない、もっと外で力をつけたいと思っ

ているんだね。そして，私とも離れた外の世界で自分でやりたいということだよね」と整理しました。違う人になってしまうという問題に対しては，「ちょっと前より軽くなった気もするけど，今もある。いつかはきちんと向き合う必要があるのかもしれないけど，できたら生活の中で治したい」という由美の気持ちを尊重して，「私としては社会に出る前に向き合ってほしいと思っている。いつでも来たいときには来てね」と伝え，終結にしました。母親は心配しましたが，今後も母親の面接は続けることで了解されました。

以後，月に1回の母親との電話面接が続きましたが，翌年の2月までの5回で母親とのカウンセリングも終結となりました。

3 ●考察

由美は高校以来，精神的に苦しみながらも，母親の「甘えるな，自立して頑張れ」という教えに沿って必死にやってきましたが，自分が心理的にひどい状態であり，いつかはそれと向き合っていく必要もあると感じています。しかしカウンセリングに通いながらも，それを受けることは自分が弱い証拠であると思っています。そして予備校時代のカウンセリングでひどい落ち込みを経験したので，自分の問題に取り組むには強い支えが必要だと感じ，それを母親に求めました。けれども由美には，「母自身が職業人としての支えを失ったら壊れてしまう，どこか一人立ちしていない子どものような人」という思いもあって，「自分の本当の姿を知ったら母がやっていけなくなる，自分が自分の問題に取り組むためにも母自身に支えが必要だ」と考えたようです。やっとの思いで母親をカウンセリングに連れて来た後は，母親なりに娘と向き合い，一時は由美も緊張が解けて楽になったようでした。しかし間もなく父親の浮気を契機に母親が混乱し，再び以前のように由美が母親を気遣う関係に戻ってしまいました。由美は母親に期待することをあきらめるとともに，カウンセリングを続けることもつらすぎると感じたのでしょう。そしてふつうの生活の中で親の助けを借りずに治していこうと思い，その試みのひとつとして海外研修旅行へ参加したものと考えられます。

筆者は父親転移の表現の中に由美のそうした思いを感じ取ったので，由美が少しずつ自分を育てていき，問題にも立ち向かっていくことを願いながら，

「一時のお休み」という気持ちで終結としました。　　　　　　　　　［浅海］

事例8
セラピストの転勤とクライエントの卒業が重なった摂食障害事例

　本事例は過食・嘔吐を主訴とし，面接を開始しました。自らの出生の秘密や生い立ちを知りながら，これからの生き方を見つけていく過程において，クライエントの卒業と筆者の転勤という2つの流れがある中で，終結をどのように伝え，それを治療に生かせたかを考えてみたいと思います。

1●事例

●**クライエント**：結子，初回面接時19歳（専門学校生）
●**主訴**：過食，嘔吐
●**家族**：結子はA県で一人暮らし。定職にはつかず，時どきアルバイトをしている母親（41歳）。働かずに家にこもっている伯父（46歳）と家族の中で唯一の働き手である伯父（43歳）の3人はB県に在住。結子の学費や生活費を仕送りしているのは，43歳の伯父。
●**生育歴・現病歴**：正常満期産で出生。発達歴に特記すべき点はありません。おそらく結子が幼少のときに母親は精神病を発症（未治療）しており，主な養育者は祖母でしたが，その祖母も結子が小学校1年生のときに寝たきりになり，小学校3年生のときに亡くなりました。祖母が亡くなってからは，結子が家事のほとんどをこなし，遠足のときの弁当も自分で作っていました。中学3年生のときに，戸籍を見て，自分が私生児であること，養子に出される予定だったことを知りました。高校は全寮制の学校に進学し，家を離れて生活し始めます。高校生のときから過食・嘔吐が始まり，時どき自傷行為（リストカット）もしていました。高校卒業後，専門学校に通うためにA県に来て一人暮らしを始めました。新しい生活が始まって数か月が経ち，過食・嘔吐がひどくなったため，自分で電話帳を調べて心療内科を受診しました。

2 ●面接経過

(1) 第1期(第1〜28回:X年8月〜X+1年3月)——出会いから問題の核へ

【第1回】A県での新しい生活が始まってからしばらくは,過食・嘔吐は減少していましたが,「一人暮らしは寂しい。でも人の中にいる寂しさより,一人でいる寂しさのほうがまし」と,よりどころのない寂しさを感じ,過食・嘔吐の回数が再び増えてきたことが受診の動機でした。【第2,3回】「アルバイトがとてもしんどい。バイトの時間になるとお腹が痛くなったりする」「過食・嘔吐しないために,めいっぱいバイトの予定を入れている」と過活動になっている自分とそれによってひどく疲れ,悪循環になっていることに気づきました。

学校やアルバイト先での人間関係に関する問題が表面化してくる中で,【第4回】「アルバイトの回数を減らしてもらえるように,思い切って店長に話をしてみた」【第5回】「人と距離を縮めすぎると,ダメになってしまうみたい」【第8回】「同じ子とばかりでなく,他の子とも喋る機会を増やしたりして,距離を取ったら,楽になった」【第12回】「今まで,過食と嘔吐のことは周囲には内緒にしていたけど,仲のよい子に話してみた」と結子なりに人との関係づくりに試行錯誤しながら,前進している様子でした。

【第15回】冬休みに実家に帰省した後から調子が悪くなり,「私はあの家から逃げたかった」「遠足のときのお弁当は自分で作っていた。おばあちゃんがいなくなってからは,周りの人から『あなたがしっかりしないと』と言われていた」と家族のことや小さい頃の話をするようになりました。【第19回】「周りから頼まれたりすると,しんどいってわかっていても引き受けてしまって,後からつらくなる」【第27回】「日々の出来事を話すような家族じゃなかった。周囲に「元気な自分」しか見せられない」と今の自分の姿と過去の自分を繋ぎ合わせるようになりました。

(2) 第2期(第29〜40回:X+1年4〜6月)——怒りと受け入れの時期

学校には行っているものの,調子が悪いことを訴えます。過食・嘔吐の回数が増え,体力的にもとてもつらくなってきた時期です。【第29回】小さい頃の

写真を持参してきて「この頃から，周りの大人の顔色ばかりうかがってた気がするな」【第31回】「おばあちゃんが亡くなって，家族の繋がりが全くなくなった。中学のときは一番怒りが強かった。でも高校入試のときにすっかりあきらめた」【第32回】「嘔吐しているときにお母さんに対する怒りがよぎる」【第33回】「今までずっと自分の存在がいけないこと，生きていていいの？って思っていたことに気づいた」と，母親に対する揺れ動く気持ちが語られることが多くなってきました。

【第35回】「最近，うまく吐けない。吐いてるときって変な感情，怒りの感情がバーッと出てきて，それにまぎれて一緒に吐いてた感じだったのに。そういう感情があまり湧いてこなくなった。けど，怒りの感情はすごくあるし，イライラする。そういう自分がいや」と小さい頃から抱いていた母親への感情を言語化しながら，「吐くこと」の意味について少しずつ内省し始めました。【第36回】「お母さんと一緒に住むのはいやだけど，根っからの悪人ではないと思う」と母親への思いが，怒りの対象としてだけでなく，一人の人間として受け入れていこうとしている発言がありました。同時に母親へ手紙を出したり，電話をしたりして，今まで感じてきた思いと，今感じている思いを母親にぶつけます。そのときは，母親にさまざまな気持ちを打ち明けて，聞いてもらったことで安定していましたが，精神病を患っている母親に自分を受け止め切れないと感じたのか，怒りが筆者に向けられ始めました。

【第37回】「先生は何もしてくれない。結局みんな，いつもそうだった」【第38回】30分遅れてきて，「過食は治らない。先生は摂食障害の治し方がわからなくて戸惑ってるんだ！　私がどれだけしんどいかなんて，これっぽっちもわかってない！」【第39回】「過食・嘔吐がひどい。私もお母さんみたいになるの？」と自分も母親のように，病気になるのではないか，という不安を始めて語り，「最近，小さい頃の私が暴れるの。怖くてしかたない小さい私が。その子の前に行って，抱きしめてあげたい」「ずっと前に，先生が『よくここまでやってこれたね。結子ちゃんの力だよ』って言ってたのがよくわかった気がする」と少しずつ過去の自分に整理をつけ始めました。その後，実家に帰り，仕送りをしてくれている伯父さんに，今までに自分がつらかったこと，怖かったことを打ち明ると，伯父さんから「お母さんやもう一人の伯父さんのことは，

こっちに任せて，結子は結子の人生を大事に生きてほしい」と言われました。その報告を聞きながら，筆者は一山越えた感じがしました。クライエントも同じ感じをもっていたと思います。

(3) 第3期（第41〜62回：X＋1年6〜12月）——別れと旅立ちまで

【第41回】「うまく吐けなくなった。吐けないんだったら，食べるのもやめようかな。少しコントロールできるようになった感じ。以前は小さい私が暴れだして過食・嘔吐してたけど，小さい私をなだめて，落ち着けることができるようになった」「人との関係で，相手に完璧を求めていたけど，適当な距離を取って，冷静にその人との関係をみられるようになってきた気がする」と，食事のコントロールと対人関係のコントロールが彼女なりにできるようになりました。現実に，毎日数回行なわれていた過食・嘔吐の回数も少しずつ減少してきました。【第44回】「幼稚園の頃まで一緒に過ごしたおばあちゃんとの生活が今の自分にすごく影響してるなぁ。お手玉作ってくれたり，手袋編んでくれたり。私も人に何かしてあげることが好きなのかな」と自分の将来のことや就職のことが話題になり始め，就職活動にも積極的に動き始めました。また，この頃から生理も規則的になり始めました。

【第48回】「自分を責めてばっかりだったけど，今は「自分」がすごくあるような気がする。過食は1か月半出ていない」と，自分というものへの確信がもてるようになります。同時に，10月にある国家試験，11月にある卒業制作発表をかねた建学祭に向けての準備に意欲的に取り組みながら，さらに自分に対する自信をつけていったように思われます。

【第54回】国家試験が終わったことを受けて，筆者が転勤の話を打ち明けたとき，結子は「えー。すっごいショック。なんで？」と泣き出しました。少し落ち着いて「A県に来て，先生とは本当にいろいろなことがあった。この2年は執行猶予期間だったような感じ」と話します。この面接で，次のセラピストを紹介することができること，就職先の県で通院を続けることができることを伝えていました。

【第55回】「B県での就職を決めた。先生がいなくなって，2か月で私も学校を卒業する。その間，他のセラピストとカウンセリングする気にもなれないし，終わりにする。B県に行って，新しい生活が始まってから再び通院するかを考

える」という選択をしました。

　卒業制作発表を兼ねた建学祭，国家試験，卒業といった大きなイベントが終わり，【第56回】「最初ここに来たとき，木を描いた（バウムテスト）よね。今また描いていい？」と木を描き，以前描いた木と見比べて，「変わったね。私」と語ります。また，【第57回】「先生，12月でいなくなっちゃって，私も3月からB県で新しい生活が始まる。誰も頼る人もいないし，すごく不安。大丈夫かな」と環境が変化することへの不安を素直に表現します。【第61，62回】「今まで，きっちりとお化粧して，髪型もちゃんとして，しっかり生きなければならないと思っていた。でも先生は，髪の毛はねたまんまで仕事してるし，私もバリバリ生きていかなくても，のんびりやってくのが合ってるのかもしれない」「先生とは本当にいろんなことがあったよね。私は何でまたA県に来たんだろうって思うけど，これも何かの縁かな。先生と会ったのも」と締めくくりました。

3 ●考察

　筆者は，第2期の終わり頃から，自らの転勤を予想しており，第46回には，転勤がはっきりとしていました。この事例は，もともとクライエントが専門学校を卒業するときが終結を迎えるときかもしれない，とお互いになんとなく認識していたように思います。結子にとっては，思いがけず2か月終結が早まったことになります。

　筆者は転勤がはっきりとした時点で，いつそれを打ち明けるかについてずっと悩んでいました。特に，転勤を予期していたときは，結子との関係が大詰めで，とてもたいへんな時期でしたから，なおさら打ち明けることに抵抗を覚えました。結子に「先生は，何もしてくれない」と言われたうえに，転勤による終結で，筆者は，結子に対し，さらに罪悪感をもつことになったためだと思います。

　筆者は，結子に終結を伝えるタイミングをつかめずにいましたが，筆者は半年後の自分の転勤による終結を，結子は専門学校の卒業による終結を見据えながら，お互いにそれぞれの意味で，終結に向けての作業をしていった気がします。2人の終結へのエネルギーが合わさって，第3期のカウンセリングの流れ

にのって進んでいったものと思われます。筆者が，あと半年間になんとかこのカウンセリングをクライエントにとって少しでも意味のあるものにしたい，次のステップにつなげる役割は果たしたいという思いがクライエントに対して無意識的に伝わっていたのかもしれません。

筆者は，結子に3か月前に転勤を伝えました。お互いがなんとなく一山越えた感じをもったこと，主訴であった過食・嘔吐がほとんどみられなくなったこと，将来へのひとつのステップである国家試験が終わったことがちょうど同じ時期に起こったのが3か月前でした。

転勤を伝える瞬間は，とても緊張しました。転勤の話をする前に，かつて結子より「（実家にいたときは）泣きたいことがあっても，家に入るとすーっと引いて涙も出なかった」というエピソードが語られていたこともあって，泣き出した結子を見て，筆者は申し訳ない気持ちと同時に，「今」起こっている感情を自然に出してくれた結子にほっとした気持ちもありました。結子が自然な感情を出してくれたことによって，別れのつらさを共有できたようにも感じます。

最後の3か月は，別れの作業をするのに必要な時間だったと思います。結子は今までの筆者との関係をふり返るとともに，再びバウムテストを申し出て，自分の変化を客観的に捉え，それを筆者と共に味わいました。そして，今までの自分の人生は無駄ではなかったこと，これからも不安はたくさんあるけれど，進んでいけそうだという気持ちを共有できたと思います。

この事例は，学校の卒業とカウンセリングの卒業，今までの自分からの卒業という3つの卒業がオーバーラップし，それらが相互に影響することによって，結子が次のステップに進んでいく力に繋がっていったのではないでしょうか。

［高橋］

事例9

個人面接から夫婦相談，スーパービジョンに移行したアルコール依存症の事例

　本事例ではアルコール依存を主訴に面接を開始しましたが，その後引きこもりで家庭内暴力を呈する子どもの相談，その子どもと対話できない家族の相談，そして，断酒会活動におけるスーパービジョンへと相談内容が変化していきました。本事例をとおして，「終りなき面接」にいたる経過を考察したいと思います。

1 ● 事例

●**クライエント**：まさ子，初回面接時40代（主婦）
●**主訴**：アルコール依存症，不眠，うつ状態
●**家族**：夫，長女，長男，次女，三女の6人家族。
●**生育歴・現病歴**：まさ子は10人きょうだいの末子で，主に兄夫婦に育てられました。その兄夫婦の紹介で見合い結婚をし，姑とも一時同居したのですが，姑と夫の関係が悪く，常に親子喧嘩が絶えない中で4人の子どもを育ててきました。

　一方，長男が中学2年生から不登校となり，かろうじて高校へ進学したものの，やがて家庭内暴力が始まりました。まさ子はその恐怖心から不眠・うつ状態になり，アルコールを睡眠薬代わりに飲むようになりました。また，火事を起こしそうになったり，飲酒運転で事故を起こしたりもしました。そして自殺願望が高まったこと，家事がほとんどできなくなったことを契機に入院となりました。

2 ●面接経過と考察

(1) 第1期（第1～35回：X年5月～X＋2年4月）──アルコールにとらわれていた時期

まさ子は，アルコール依存症と診断されたにもかかわらず，その病名を否認し，長男の家庭内暴力と，夫の対応のまずさを非難し続けました。当然ながら，病院から自宅への外泊治療が始まると，早速再飲酒が始まりました。入院期間を延長しても再飲酒は止まらなかったのですが，姑が亡くなり，夫としても家事をしてくれる妻が必要だということで，通院することになりました。

退院後は予想通り再飲酒が始まりましたが，なんとか院内の治療グループ「断酒の集い」と地域の断酒会の定例会に参加し，約1年の通院を経て，かろうじて断酒できるようになりました。

(2) 第2期（第36～364回：X＋3年4月～X＋9年2月）──夫婦の葛藤，夫婦面接の時期

まさ子の頭の中は，相変わらず長男のことでいっぱいでした。しかるに，夫は長男の行く末を心配しないばかりか，全く関わろうともせず，まさ子のこころは当然夫への不満でいっぱいでした。そこで，まさ子からの提案で夫との同席面接が始まりました。

しかし，面接場面に登場した夫は，「このアル中が！」と罵るばかりで，まさ子の訴えや長男への対応の話には耳を傾けませんでした。それどころか，長男の話題に触れると落ち着きがなくなり，面接室を飛び出して行ってしまう始末でした。

ただ，その一因はまさ子の夫への話し方にもありました。まさ子は面接の間中，長男に対する夫の対応をなじり，夫の協力を求めるというよりも過去の失態を訴え続けたのです。そして，聞くに堪えなくなった夫は面接室を飛び出す形になったようでした。それは，かつて長男が家庭内暴力で物を投げて壊したりすると，夫は外へ逃げ出した時期があったことと同様の行動パターンでした。

一方，夫だけの面接の中では，長男になんとか関わりたい夫の気持ちが語られるようになり，やがて長男へは，直接対話ではなく，手紙を書いたり長男の部屋に向かって日常の挨拶をしたりするといったささやかな努力が始まりまし

た。そうした夫の行動を見て，完全な信頼の回復までにはいたらないまでも，まさ子もなんとか長男のために夫と調子を合わせていこうとの努力がみられるようになりました。

(3) 第3期（第365～481回：X＋9年3月～X＋12年12月）——怒りへの対処法を工夫する時期

夫は長男への対処法が確立し，面接は終了しましたが，まさ子から見ると，夫の長男への対応にはまだまだ不満がありました。夫が面接を終了してから，夫の怒りっぽさが再び生じてきたし，夫が声を荒げると，長男が部屋の床や壁を殴ったり蹴ったりするというのです。夫はしばらく小声になるものの，そのうち再び大声をあげ始めるので，夫への嫌悪感が増すというのです。

筆者は，第2期の同席面接における夫婦の対話をふり返り，夫の機嫌を悪くする言葉を投げかけているのは，まさ子自身でもあることを指摘しました。予想通りまさ子からは猛反発を受けました。しかし，長男の家庭内暴力を再発させたくないのなら，まさ子自身も努力・工夫することで夫婦喧嘩が減少し，結果として長男の落ち着きを取り戻せるのではないかと辛抱強く語りかけたところ，徐々にまさ子も納得していきました。

この第3期では，「自宅に笑い声を響かせよう」をスローガンにして，夫婦喧嘩の大きな声が，いかに長男を傷つけいらだたせているかについて話し合いをくり返しました。そして，大声を出しているのは夫だけではないことに気づくことができ，少なくともまさ子の長男への影響を減らすことに成功しました。

まさ子は，夫の旅行好きを利用して，断酒会が企画する一泊旅行や，断酒研修会，断酒連盟の全国大会などに積極的に出かけました。それが功を奏して，夫に今までなかった友人関係が生まれて，夫婦で楽しむこともできるようになりました。

また，それまで心配で家を空けられなかったまさ子でしたが，自炊をして留守を守ってくれる長男に信頼感と心強さと感謝の念を感じることができるようになりました。そして，まさ子は，長男のことを心配するあまりに夫の不甲斐無さを責め続け，夫のプライドを傷つけて怒りを誘発し，結果的に長男の家庭内暴力を誘発していた悪循環をなんとか断ち切ることができるようになりました。

やがてまさ子は自己卑下や自殺願望なども消失し，自己効力感や自尊感情が育ち始め，夫を責めることも減りました。これは夫への期待感の減少とあきらめの感情に達した諦観の境地ともいえますが，今まで，夫の能力に期待過剰であった自分から夫のありのままを認め，受け入れることになったともいえます。いわば自己受容から他者受容へと大きく方向転換したのです。

(4) 第4期（第482～555回：X＋13年1月～X＋20年7月）――断酒会人，断酒の先行く人としてのスーパービジョンの時期

まさ子にとって，入院当初からの懸案事項であった長男の件はすっかり落ち着きました。買い物や洗濯はもちろん，炊事や留守番も安心して任せられるようになったことで，まさ子の不安は随分と軽くなりました。

夫婦関係は相変わらずですが，夫が大声をあげることが随分と減り，長男が壁や床を殴ったり蹴ったりする物音が聞こえなくなって久しくなりました。そして，夫の仕事の愚痴を聞くことがまさ子の日課のようになりました。

一方，断酒会は，まさ子が断酒に取り組み始めた頃とは違い，女性酒害者（アメジスト）が増え，先行く人としてのまさ子の指導力が問われるようになってきました。まさ子自身は平凡に暮らしたいと思っていたのですが，周囲から若い人たちを断酒に向かわせ，引っ張り上げていく適任者として祭り上げられるようになりました。信頼されるのはいいのですが，いろいろなことを押しつけられるようになり，ストレスがたまるようになってきました。そんなまさ子にとって面接はストレス発散の場になっているようでした。

多くの女性酒害者やその家族に救いの手を差し伸べ続けるまさ子に感謝しながら，筆者はこれからもまさ子の面接を継続していこうと思っています。

[三和]

事例10　チック症状をもつ女児の心理療法事例

本事例は，小学校3年生から遊戯療法を中心とした関わりを継続し，小学校

卒業を区切りとして終結となりました。終結に向かうプロセスは，決してスムーズとはいえず，クライエントが強く抵抗していたことと，主訴が消失してはいなかったことで，セラピストも終結の決心がつかずにいました。この事例をとおして，そうした終結のありかたの意味や問題点について考察したいと思います。

1●事例

●**クライエント**：響子，初回面接時9歳（小学校3年生）
●**主訴**：チック（音声と身体性の複合）
●**家族**：両親，本人，兄の4人家族。父親（43歳）は会社員。響子にとっては，肯定的なイメージで，時間ができれば遊んでくれる優しい父ですが，ふだんは忙しくほとんど関わりがありません。母親（41歳）は専業主婦。控えめでコミュニケーションは積極的ではありません。また心配性で，響子の体調をいつも気遣っていました。兄（14歳）は柔道部に所属し，活発な性格です。響子は力でかなわないこともあり，「すごい」と言いつつも，きょうだい葛藤がありそうな様子でした。
●**生育歴**：正常満期産で出生。左利きでしたが，食事と書字は右手に矯正されました。幼児期にアトピー性皮膚炎，喘息があり，喘息は現在も続いています。幼稚園の頃から友だちとはよく遊び，学校は喜んで通っています。3年生になったある日，学校で朝礼中に気分が悪くなり意識を失って以来，異常な動作がみられるようになったので，脳波検査を受けましたが，異常はありませんでした。そのため，小児科より心理的な問題はないか知りたいと心理検査の依頼を受けました。

　バウムテストと人物画テスト，およびロールシャッハテストを行なったところ，感情抑制的で攻撃的感情がうまく処理されていないことがうかがえました。特に，人物画はマスクをしており，響子自身が音声チックに苦しんでいることが理解できるとともに，自分の口からでるあらゆる表現を押さえつけようとしていることが見て取れました（作品1）。その結果を小児科に報告し，攻撃的な感情の表現を助け，自然な感情表現ができるようになることを目的として，筆者のもとで心理療法を始めることになりました。それは，

小児神経科の医師と母親との間で決められ，響子はなぜ相談室に通うことになったのか理解できないまま開始された可能性があります。その後，脳波検査でてんかんの所見が認められ，薬物療法を平行して行なうことになりました。

2 ●面接経過

(1) 第1期（第1〜7回：X年12〜X＋1年2月）——強い緊張が緩み始めた時期

【第1回】響子は口数が少なく，体を堅くして緊張していました。しゃっくりのような音声チックと瞬きチックが頻繁に起こります。筆者が「何をしようか？」と問いかけると困ったように筆者を見ましたが，その後，箱庭に誘うと素直に作り始めました。〈クリスマスのお祝い〉をテーマに，小さなツリーを真ん中に置き，日本家屋や動物が柵に押しつぶされそうに箱庭の枠に沿って置かれていました。筆者はこの作品から響子自身が「自己表現を必死に押さえて，自分の存在感が実感できない」というような印象を受けました。
【第2〜4回】〈ディズニーランド〉に騎兵隊のメリーゴーランド。動物園の柵の中の動物，つながれている犬，本物ではない美術館の恐竜など，攻撃表現を抑えている印象が強いため，筆者は響子をスクイグルに誘いました。【第5，6回】むずかしい線を描いて筆者を困らせるような行動が少しずつ出てきて，笑い声も聞かれるようになりました。【第7回】体を使う遊びによって体をほぐせるとよいと考え，筆者が紙風船を提案すると，響子はずるをして筆者に対抗しようとする力強さがみられるようになりました。そして響子は〈兵士たちの戦い〉をテーマに箱庭を作りました。

(2) 第2期（第8〜26回：X＋1年2〜6月）——攻撃的表現の活発化と症状の悪化

【第8回】初めて自分から「風船やりたい」と言い，【第9〜14回】には「疲れた」と言ってソファに寝そべったりと全身をリラックスさせるようになりました。【第15回】筆者を怖いおばさんに見立てて絵を描きました。【第16〜

作品1　人物画
マスクをしている人物画

【第18回】チックがひどくなり，薬が投与されました。薬のだるさをしきりに訴え，退行的になります。プレイセラピーでは砂の中にものを隠したり，かくれんぼ遊びをくり返しました。【第19回】来談途中に喘息発作が起き，母親は動揺しましたが，「ただのかぜ！」と響子はきつく言い放ちました。【第20～23回】自分で作ってきた人形を使って箱庭の中で物語を展開しました。ポットの砂を入れては飲む遊びをくり返します。【第24回】日本家屋で親子が雨宿りしている箱庭から，筆者は自分が守られるようになってきた印象を受けました。【第25，26回】学校や家でのことを楽しそうに語るようになります。だだをこねて海に連れて行ってもらうといった，自己主張もできるようになってきました。丸々として健康的な容姿になり，チックはほとんどみられなくなりました。

(3) 第3期（第27～60回：X＋1年7月～X＋3年3月）——子どもらしさの回復と直接的攻撃

【第27，28回】人との関わりが積極的になり，兄に対しても強くなって，力関係が変化したことを話しました。プレイセラピーではムンクの叫び人形を気に入り，いろいろな人の「叫び」の絵を描きました。【第29回】恐竜にペニスをつけて嬉しそうな表情をしました。【第30～34回】スクイグルゲームをしたり，は虫類の人形を「怖い」と言いながら触りました。【第35回】箱庭で動物

作品2　叫び1（恐意？）
　　　　スクイグル1（舌を出すまむし人間）

作品3　叫び2
　　　　スクイグル2（叫び）

と人間の人形が直接触れ合うようになり，筆者に対しても直接的な攻撃が始まりました。【第36～39】絵の中で筆者を何度も殺したり，スクイグルで描いたセラピストの絵に文句を言うようになりました。は虫類の人形に直接触れるようになり，それで筆者を攻撃することもありました。日常生活ではこの頃ミュージカル劇団に入りました。【第40～45回】5年生になり，新しいクラスへの不満を話しました。ソファの汚れから「不潔なおじさん」を連想し，否定的な男性イメージが面接の中に登場し始めました。そして「先生と不潔なおじさんの相合い傘」を描き，否定的な男性イメージの取り入れが始まりました。また，面接室での「何をしてもいい」という原則と友人関係との違いから，イヤと言えない友人との関係のむずかしさを語りました。「おならしてもうんちしても軽蔑しない？」と，ありのままの自分を受け入れてもらえるか確認しているようでした。やがて不潔なおじさんのシミの上に身を投げ出し，悪い対象を自らに取り入れたようでした。【第46～50回】林間学校を経て少し大人びた様子になりました。「大人になりたくない。主婦は毎日休めないからたいへん。先生は結婚している？」と大人になる自分を意識し始めたことがうかがえました。チックや癖などの症状を，初めて悩みとして語りました。【第51～53回】これまで絵に登場したキャラクターを勢揃いさせたお手紙帳をセラピストにプレゼントしてくれ，そのときから筆者は終結を意識し始めました。「明るい気持ちと暗い気持ちの中間にいる今の気持ち」の絵を描き，こころのバランスがとれるようになってきたようでした。

作品4 明るい気持ちと暗い気持ちの中間にいる今の気持ち

【第54回】帰り際「本当にお母さん子どもの気持ちわかってないよ」と直接母親に言いました。【第55～59回】〈つぼを囲んで天使とピエロとおばけがいる箱庭〉から受け入れ難かったものが一つにまとまり始めていることがうかがえました。〈マリアの大切さを誰も知らない非常識な人々の町〉で矛盾に満ちた大人の姿を表現し，満足そうに帰りました。【第60回】友だちに誘われるからと，本人から曜日変更の申し出があったので「そろそろここは終わりにしても

いいかな」と筆者が言うと，響子は「もう少し来たい」と言い，面接を継続することになりました。

(4) 第4期（第61～70回：X＋3年4月～X＋4年3月）——終結を迎えるための作業

【第61～64回】 6年生になり，曜日変更するとともに，母親の都合もあって，結局面接は月に1回となりました。面接では座って話すことが多くなり，男子にはむかつくが負けないことや，友人や先生をよく観察し，「悪い人じゃないけどむかつく」など，他者の捉え方が一面的ではなくなってきました。**【第65回】** 箱庭で，大王の島にものすごい力をもった赤ちゃんが流れ着き，大王は宝を守るという，新しい旅立ちを思わせる作品を作りました。**【第66～69回】** 前回の箱庭からそろそろ終結を切り出そうかと考えていると，母親から小学校卒業を機に終わりにしたいと申し出がありました。しかし響子は「イヤだ。絶対に続けたい」と言い張り，終結をめぐって母親と響子とのやりとりが帰り際の玄関で続けられました。筆者が「自分のことがよくわかっていて，友だちとも関わり方がわかってきているように思う。自分の気持ちが言えないときもあるかもしれないけれど，言えないことがわかっているみたいだから，たぶん悩んでも乗り越えられるんじゃないかと思う。それでもどうしても不安になったらまた来ていいんだから，自分の力を試してみたらどうかな」と提案したのですが，響子は，「まだまだ癖（チック症状）も出るしだめ」と譲りません。**【第70回】**「人間いいところばかりじゃだめ。もっとありのままの人間がいい」「幼稚園に初めて入ってすぐに先生にすごく怒られて，それからおとなしい子になっちゃった。それまで明るくておてんばだったのに。損しちゃった」「3，4年生の頃に一度元気になったけど，5年生のクラスがイヤでまた落ちて，6年生はすごくよくなった」とふり返り，「リーダーシップを取るのはできないけど，私にできることをやればいい」とありのままの自分を受け入れたようでした。そして突然「卒業証書」を書き出し筆者にくれました。そこで筆者も「卒業証書」を手渡し終結となりました。

3 ●考察

経過をふり返ると，5年生が終わる頃（第60回）には，響子は，自己につい

ても他者についても，現実的な対象イメージをもてるようになっています。箱庭や絵の表現にもそれが現われていましたが，筆者はあえて面接を継続しました。その要因としては，響子の申し出もありますが，チックが面接でも学校や家庭でも，緊張場面では時どき起こっていたことがあげられます。筆者の中に，「チックを完全に治す（主訴の解決）＝終結」というイメージが強かったからです。

　筆者は終結に向けての作業の中で，そもそもの目的は，「攻撃的な感情表現を助け，自然な感情表現ができるようになること」だったことに気づきました。チックが消えることが目的ではなかったのです。響子のチックは，てんかんとの関連も疑われ，気質的な原因も考えられました。また，すでに響子が意識し自ら悩むことができる症状になっており，どのようなときに起こるのかをある程度意識していました。心理的な成長の面からみれば，自己表現が可能となり，子どもらしさを回復し，精神的に健康な状態になっていた（村瀬，1995）ことが経過からわかります。

　終結の時期として小学校の卒業のような区切りは，子どもにとって受け入れやすいと考えられます。しかしそれはまた，筆者にとっても別れ難い気持ちや，終結にまつわる罪悪感などを和らげる要因となっていたように思われます。最後の1年で終結の作業を丁寧にやれたという実感がある一方で，響子を連れて来る母親や有料の心理療法を続ける家族の負担を考えたときに，本当に最後の1年が必要であったのか，検討し直す視点ももつべきであったと思われます。いずれにしても，終結はセラピストにとっても多くの葛藤を引き起こす作業です。

[塩崎]

事例11　セラピストの妊娠がクライエントの退院準備を促進した長期入院の事例

　本事例の児童は強迫観念や関係念慮を背景に言動が非常に混乱したため入院となりました。退行受容的な治療の後に，主治医の転勤に伴って臨床心理士で

ある筆者が面接を引き継ぎ，その2年後に退院しました。5年半の間に複数のスタッフが連携して援助し，薬物治療も行なわれました。ここでは入院後期における筆者との関わりに焦点を当て，終結のあり方について考察します。

1 ● 事例

● **クライエント**：恵子，入院時10歳（小学校4年生）
● **主訴**：不登校，恐慌状態，関係念慮
● **家族**：両親と本人，2歳年下の妹の4人家族。父親（43歳）は幼少時不安定な家庭環境に育ち，母との思い出はほとんどないということでした。真面目でおだやかな性格で，感情的なやりとりは苦手で避けてしまうところがあります。母親（40歳）もまた，嫁ぎ先に尽くすことで精一杯の母に甘えることなく，複雑な家族関係の中で気を遣いながら育ちました。いつもにこにこと腰が低く，家事や育児に熱心なのですが，一生懸命になりすぎて感情的に混乱することがあるようです。
● **生育歴・現病歴**：満期産・吸引分娩にて出生し，発育に問題は認められませんでした。しかし，母親にとっては実家への気遣いや育児に対する心配，嫁姑間の葛藤など不安ばかりが押し寄せる毎日で，恵子が泣いても抱くことができず，恵子はしだいにあまり泣かない子になりました。始語12か月，始歩14か月と発達は順調であったものの，恵子の顔つきがしらけた様子で後追いもしないことが母親には気がかりの種でした。幼児期は世話好きで純粋，感激屋である反面，突然危険なことをしでかし，情緒的にアンバランスな印象でした。小学校入学後は孤立しがちとなり，2年生になると便秘や高熱，チック，視覚異常など多彩な身体症状が続くために，登校がままならない状態でした。また，強迫観念や関係念慮も出現し，3年生のときいじめをきっかけに，人間の絵を描いてペンで突き刺したり，叫んで物を壊したりと激しく混乱した言動がみられるようになったため精神科を受診し，4年生で児童病棟に入院となりました。

2 ●入院経過

(1) 第1期（X年7月～X＋2年11月）──怒りの大爆発と退行

母子で個室に入院したものの，恵子は母親へ甘えと激しい攻撃を同時に向けたため，母親は疲れきってしまい5か月後に退院しました。その後は，スタッフに攻撃が向けられ，「人間なんて大嫌い，あっち行け」と大声で怒鳴ったり，ガラスを叩き割ったりと怒りが大爆発したような状態が続きました。

X＋1年1月，発熱や肺炎などの身体的問題をきっかけとして，スタッフは体を拭いたり食事介助をしたりと基本的な世話をする関わりを続けました。甘えと強い拒否をくり返し，主治医には「私なんてどうでもいい。生まれたときから悪いことをしないように生きてきた」「イライラする。甘えるなんてできない。今やろうとしてもむずかしいことを赤ちゃんはどうしてできるの」と訴え，紆余曲折を経てではありましたが，6月には看護師に赤ちゃんのように甘えるようになりました。それから半年ほどは添い寝でお昼ねをしたり，絵本を読んでもらったりと看護師に甘えてのんびり過ごした後に，遊びや生活の幅を徐々に広げ，X＋2年12月に個室から4人部屋に移りました。

(2) 第2期（X＋2年12月～X＋4年3月）──病棟の子どもとして暮らす

他児との交流や学校での勉強など人と接する機会が増え，恵子はそれらを楽しみにする一方で，なじめなさや負担を感じていました。また，自宅への外泊も楽しみのひとつでしたが，恵子はサービス過剰にふるまって内心ではイライラを募らせ，両親は恵子を特別扱いして過干渉の状態でした。スタッフは「ふだんは見守り要所でしっかり支える」ように対応しましたが，恵子は寂しさの裏返しからスタッフに一方的な要求をするなど，適度な距離感をつかむのに苦労していました。このように，この時期の恵子は，どの程度行動したり人づき合いしたりできるのかを試しながら，病棟の子どもとしてかわいがられて暮らしていました。X＋4年3月，それまでの主治医の転勤が決まったときに，「恵子が自分で後任担当者を選ぶように」といわれ，しばらく考えて筆者を希望しました。

(3) 第3期（X＋4年4月～X＋5年6月）──治療のふり返りと母への想い

主治医と担当看護師との別れが重なりイライラした状態が続いたため，スタ

ッフとの関わりを中心にしたところ，3か月ほどで落ち着きを取り戻しました。筆者は定期的な面接に加えて散歩や雑談をとおして関わりましたが，X＋4年5月，恵子は「（第1期の頃）死にたいと叫んだことがあった。生まれてこなければよかったと思っていた。今も死んでしまいたいと思うことがあるけど，言ってはいけないと思っていた」と話しました。恵子は敏感で揺れやすい一方で，別れと出会いを，自分をふり返り言語化する機会として生かす力の持ち主であると思われました。また，母親について「感情を私にぶつけるのでいやだ」「わかってくれない」と批判し，外泊中には間接的な方法（きつい冗談を言う，床を踏み鳴らす）で怒りを表現しました。9月の面接では「自分の病気が何か」が話題となり，「入院前，わけがわからなくなって物を投げた。人間という存在も全然わからなかった。小さい頃，両親から離れると両親がお化けのように思えて自分が食べられてしまうような気がした」と涙で言葉を詰まらせました。

　12月になると「人といても気を遣うばかり」「いつも何か考えている」と寂しさやつらさの訴えが増強しました。X＋5年1月の病棟カンファレンスでは，「調子が悪くつらそうであるが，頭でいろいろ考えていて他者を踏み込ませない雰囲気である」との意見があがり，人づき合いにおける不器用さが再確認されるとともに，現状の背景には目標が定まらない不安があるのではないかとの結論に達しました。面接で「今後どうしていくか一緒に考えよう」と提案すると「退院は考えられない。4～5年かけて世界を広げていきたい」と述べました。筆者が目標の必要性を伝えても「つらいから考えないようにしている」と避けていましたが，4月になってようやく「いずれ家で暮らせるようになりたい」と遠い将来の目標を掲げました。それからというもの，「家族と自分では人というものに対する考え方が違う」と言って，退院への不安をしきりに口にしました。6月には「母子入院の時，母と一緒にいるのがとてもいやだった。でも母が退院したらつらくてつらくて恋しかったから憎むようにして忘れた」「（母と離されたことについて）今はそうしてよかったと思っている。あのまま家にいたらもっと酷いことになっていた。病棟でのんびり過ごして甘えた」と母親に対する想いをふり返り，この後外泊での様子が変化していきました。

(4) 第4期（X＋5年7月〜X＋6年3月）――「病棟の子」から「家の子」へ

　7月の外泊では，母親が話題にした曲を恵子が録音してあげたり，買い物で「自分で選んで嬉しかった」と気持ちを伝えたりと，恵子が母親に歩み寄る様子がうかがわれました。また，怒りの表現が「お母さんが嫌い」「〜するのはやめて」とストレートになり，行き過ぎたときには父親が叱って収めました。面接では「私が怒っても，母はにこにこしているだけなのでエスカレートしてしまう」と具体的な問題点に触れる一方で，「家族と縁を切りたい」と泣くこともありました。筆者は面接の場をどのような気持ちを口にしてもよい場所であると保証しながら，「末永く恵子をみてくれるのは両親である」「退院後の生活を手助けしてくれる所を探そう」と伝えました。

　8月にA病院のデイケアを見学し好印象を得て，恵子は外泊の長期化や病棟内作業への参加など，退院に向けて取り組む気持ちになりました。また，同年代の数人と友だちになり，「嫌われていないか」と心配しながらも，ゲームや散歩を楽しみました。9〜11月には，外泊中も比較的落ち着いて過ごし，「外泊を楽しみに思うこともある」と話しました。

　12月，「筆者が妊娠したため3月末に退職する」と伝えました。恵子は「何となくそう思っていた」と冷静に受け止め，初めて退院を明言しました。年末年始の外泊では「お母さんが受け止めてくれないと，どこにも居場所がなくなってしまう」と，久しぶりに恵子の怒りが大爆発し，その後は過去の傷つきや退院への不安を母親にぶつけ始めました。筆者はこれを評価し，両親には「退院の覚悟ができた証拠」と伝えて，特に母親を支えるよう心がけました。母親は動揺しながらも，「これまでは恵子がスタッフを頼るのはしかたがないと思い，親としてのふがいなさに耐えてきた。そのため，自分の苦しみばかりを感じてきたが，恵子はそれ以上に苦しかったであろう」と思いを寄せました。

　X＋6年2月，紹介先であるA病院への初診日，恵子は病室の布団に潜り込み早朝から泣き続けていました。筆者が訪室すると「家に帰ると思うと正気でいられない。今日の診察でもわかってもらえるかどうか」と訴え，ひとしきり話すと落ち着きました。筆者が「私は恵子に会えてよかった。恵子にならこの先も通じ合える人ができると思う」と言うと恵子は「わかってくれる人できる

かな」と言い「大丈夫だよ」と話して送り出しました。その後は，A病院の医師が「人の気持ちをわかる人」であるとの安心感も支えとなり，2週間の長期外泊を七転び八起きでこなしました。

最終の面接では「家ではたいへんでもその日その日のことをやっていくしかないので，病棟にいて先の不安が募るよりも，よい面もある」と述べ，自分で退院日時を決めました。退院の数日前に渡された手紙には，「…少し前から，幸せだと思うこともあります。ふだんそれをあたりまえに過ごしている人からみればふつうの暮らしでしょう。でも，私には不安に思うくらい憧れていた生活が送れています。…」と書かれていました。そして，退院当日，あいさつをすませると恵子はふり返ることなく病棟を後にしました。

3 ●考察

ものごとの終わりは新たなスタートでもあるので，心理療法における別れにはクライエントの自主性が何かしら発揮されるよう配慮する必要があります。前主治医が恵子に後任担当者を自分で選ぶようにと提案したとき，筆者はこの方法に驚き，「前主治医が決めてくれればいいのに」と怖気づいた気持ちでした。しかし，それ以上に驚いたのは，恵子は別れには動揺しつつも，提案を自身の課題として正面から受け止めていたことです。こうした経緯がなければ，筆者は大先輩である前主治医から受身的に引き継ぎ，それまでの流れを台無しにしないようにと必死になって，目の前の恵子と向き合えなかったかもしれません。恵子の姿に導かれて，セラピスト交代の折にはクライエントと後任セラピスト両者の自主性が重要であると学びました。

次に，セラピストの妊娠と終結についてですが，筆者の妊娠がわかったとき，恵子は退院に向けて準備を始めていました。しかし，過酷な思いで母親から離れたために，母の子として家に帰る作業は一大事であり，なかなか覚悟を決められずにいました。怒りをぶつけることはできても，自分の弱い部分を見せて頼ることには強い抵抗があったようです。一方で，母親も自責感や恵子を病棟にとられてしまった寂しさとふがいなさに耐え苦しんでいました。そこへ「筆者と胎児」という母子関係が示されたことで，どんな経過があったにしろ「母親と恵子」は切っても切れない親子の絆で結ばれているという事実に2人が向

き合うことになったと考えられます。

　また，筆者が退職するため「病棟にいても新たな関係づくりに骨を折ることになる」という状況要因もまた，恵子が退院を覚悟する決め手となりました。恵子に限らず，致し方ない状況に追い込まれて，ようやくクライエントが決断し進み始めるというケースを，しばしば経験します。このようなときには，セラピストがクライエントの気持ちを汲みながら水を向け，かといって急がすことなく，時がくるのを待つ姿勢が，クライエントの自立的な再出発の助けとなるようです。

　最後に，恵子からの別れの手紙に記されていた「ごく身近であたりまえのことに大きな喜びを感じられることによる幸福感」についてですが，筆者はこれを「クライエントがよくなるとは何か」という問いへの答えのひとつであると考えています。なぜなら，この感覚は，自分が抱える問題をしっかりと見つめ，受け入れたうえで，苦しさの中に救いや希望を見出したとき，初めてもつことができるものであると思うからです。そして筆者が自身の人生に対してそのような心境にいたるには，恵子との別れからしばらくの年月が必要でした。セラピストにとってクライエントに寄り添うよう心がけることは大切なことですが，実はクライエントはより深いところやずっと先を生きていて，歩み寄ったのはクライエントのほうであるという事態も往々にして起こることを肝に銘じています。

[白井]

事例12　幼児期から青年期まで関わった自閉症の事例

　本事例は，筆者がクライエントの幼児期から青年期まで継続的に関わった事例です。長い関わりの中で，その時どきの状況に沿って課題と援助の形が変わりながら続いてきました。

1●事　例

●**クライエント**：たかし，初回面接時4歳
●**主　訴**：言葉の発達が遅れている
●**家　族**：会社員の父親（36歳）と専業主婦の母親（32歳），本人，2歳年上の兄と3歳年下の妹の5人家族。両親ともに知的に高く，理知的な印象でした。兄は明るく，ものおじしない性格で，友人も多く活発とのことです。妹はすでに発語が豊かで，発達が順調な様子がみられました。
●**生育歴・現病歴**：たかしは満期産の自然分娩で，身体発育はむしろ早いほうでした。しかし3か月スマイルはみられたものの，人見知りや後追いはみられなかったそうです。言葉が出るのが遅く，最初に単語を話したのは，3歳になってからでした。保健所のグループ指導に通っていましたが，すすめられて，筆者が非常勤で勤める心理相談室を訪れることになりました。

　たかしの好きな遊びは，電車のミニチュアを並べたり，数字を書くことでした。その好きな遊びが制止されたり，思うようにいかないと，大きな声を出して走り回るといったパニックを示すことがあったようです。

2●面接経過

(1) 第1期（第1～62回：X年12月～X＋2年8月）――4～6歳

　初回に病院を母親と訪れたたかしは，初めての場所のためか落ち着かず，うろうろと動き回っていました。母親と同席で生育歴と現在の様子について聴きました。保健所ですでに「自閉症ではないか」と言われており，母親も父親と一緒に本などを読んでいるとのことでした。

　落ち着きなく動き回る様子や，こちらのかけた言葉をそのまま返す「反響言語」がほとんどで，そのイントネーションは自閉症特有の一本調子であったことや生育歴の内容から，やはり「自閉症」であると思われました。そのことを母親に伝えましたが，母親は「やはりそうでしたか。いろいろ本を読むと当てはまることが多いので，覚悟はしていました。しかし，いざ言われるとどうしていいのか困惑してしまいます」と語られました。

　そこで，たかしへの1対1でのセッションと，母親への面接を行なうこととと

しました。セッションは,「たかしがこの場所と筆者に慣れること」を最初の目標として,たかしの遊びにつき合うように関わりをもちました。母親とは,日々の生活で困っていることや気になっていることを話してもらい,それらについての意味を一緒に考えることを中心とした面接を行なうことにしました。

たかしは,比較的早く場所にも筆者にも慣れていきました。遊びは,電車のおもちゃを一緒に並べて数を数えることから始まり,描画も行なうようになっていきました。描画のレベルは顔であればなんとか○と眼が描かれる程度でしたが,楽しそうに行なっていました。

母親は,電車を思うように並べるなどのたかしのこだわりについては,「好きなことをさせてやりたい」という反面,会話ができるにはどうしたらよいのか,同年代の子どもへ関心をもたせたい,といった希望をもっていました。

4歳の2月の時点で,家庭では落ち着いて自立的に活動できていることもあって,筆者は集団への参加をすすめることにしました。自宅近くの幼稚園が障害児の受け入れについても積極的なので母親にすすめたところ,早速父親とともに見学に行ってくれました。そして,「不安がいっぱい」と言いながら,4月から入園することになりました。

入園してからのたかしは,集団行動にはすぐに入れず,全くマイペースで好きなおもちゃで遊んでいましたが,徐々に担任からのはたらきかけや指示に反応することがみられるようになりました。ただ,園児の大勢いる広い部屋は苦手で,耳をふさいで逃げ出してしまうようでしたが,そういった行動も幼稚園からは理解されており,無理強いするようなことはなかったせいか,通園はいやがりませんでした。

この時期のテーマは,「幼稚園での集団への参加が徐々に拡がっていくことと,そのストレスを治療場面でどうやって緩和するか,相手を意識した個別の関わり」といった内容でした。筆者のたかしへの関わりは,「好きな遊びをパターンで行なうことをとおしてのストレスの緩和と,そのパターンを少しずつ変化させていくことをとおしての相手との交流」を目指していました。

母親に対しても上述のテーマを伝え,家庭でストレスを緩和できるようにしてもらうことと,幼稚園での活動の準備をお願いしました。準備とは,たとえば,遠足に行く予定があるとしたら,行く先へ前もって母親や父親と共に行っ

ておく，といったことです。

　幼稚園の年長組になった頃は，少数の同級生とブロックなどの好きなおもちゃを介してならば関われるようになり，集団での活動にも誘われながら参加することができるようになりました。年長組のクリスマス会では，なんとか劇の一役をこなしたりもしました。

　その成長を喜びながらも，就学をひかえて母親は，まだまだマイペースなたかしに心配がつきません。そこで，就学へ向けて，さらに学校生活を視野に入れた関わりが必要となってきました。

（2）第2期（第63〜148回：X＋2年8月〜X＋5年10月）——就学前〜9歳

　この頃のたかしは，1〜2回程度の会話ならば成立するようになっていましたし，字に関しては他児に比べてはるかに早く読むことができるようになり，6歳になった時点では，ひらがな・カタカナに限らず，関心のあるものについての漢字も読んだり書いたりすることができていました。

　しかし，気が向かないとフラフラと活動から出て行ってしまうところを母親は心配していました。この点に関しては，幼稚園の先生との懇談をもち，幼稚園での活動の中で積極的に声かけをして参加を促すようにしてもらいました。その分，家では好きなことを自分のペースで楽しむことを認めていく方針をとり，母親も理解して見守ってくれました。そして，6歳の4月に入学した小学校の特殊学級では，教室を出ることもなく自分の席に座っていることができるようになりました。

　文字や数に関してはよく理解しているたかしでしたが，やはり自閉症特有の問題である，場の流れを理解したり，話の内容を捉えることが苦手でした。そこで，筆者の関わりとしては，「遊びだけではなく学習面の援助を導入する」ことにしました。たかしが苦手とする学習について，たかしの認知特性に合わせた課題を組み，セッションの半分をその活動にあてました。

　しかし3年生頃になると，日常生活での問題が出てきました。学校で落ち着きがなくなったり，自分の手をかむといった自傷行為がみられるようになり，家でも不安定な様子が出てきたのです。

　母親からは，「学習面も大切だが，たかしのこころの安定を援助してほしい」と希望が出されました。たかしの生活全般をみての判断で，非常に説得力があ

(3) 第3期（第149～220回：X＋5年10月～X＋8年3月）——9～11歳

再び関わりのテーマを変更し，「たかしの心理的な側面の重視を目指す」ことになりました。たかしとのセッションでは，自由な描画，人形の制作等を用いたやりとりを行ないました。描画ではその時どきにたかしにとって印象深い内容が描かれるようになりました。こうした活動には，たかしなりの自分の体験が表現されていたと思われます。

母親とは，たかしの中にある周りの世界への関心と，たかし自身の自己イメージの捉えにくさなどの課題が確認されるとともに，青年期に入っていくことで予測される情緒的な変化などが話題となりました。

10歳になると，行動面でも落ち着きをみせるようになりますが，一方で不機嫌な場面がみられるようになりました。また，わざと怒られるようなことをしてみて，いつまでもそのことを自分から話題にするといったことも出てきました。徐々に青年期を迎えつつあることが感じ取れる状態となったわけです。

(4) 第4期（第221～353回：X＋8年3月～X＋18年4月）——12歳～18歳以降

この時期は，たかしのイライラが強くみられた時期から安定を取り戻していった時期です。中学からは養護学校へ通学するようになったのですが，好きなことをしていても没頭できず，不安定なようでした。

セッションとしては，引き続き内面の表現を援助することを継続しましたが，より内面を言語化することも目指しました。たかしの言語能力が発達してきたことと，周囲から理解されやすくなることをねらってのことです。最初は上手に表現できずに本人もそのことでイライラしていましたが，少しずつ単語の羅列であっても言いたい内容を表現できるようになっていきました。

この時期からは母親との面接は月に1回程度になりました。理由は，母親が仕事をもったことと，たかしとの治療を中心とすることで，母親は少しずつ手を離していく方向が確認されたからです。

高校に入ると，作業実習なども始まり，疲れていることが多くなりました。人と比較した自己イメージをもつようになり，同級生でも好き嫌いがはっきりとしてきました。異性への関心も出てきて，突然見知らぬ女子高校生へ話しか

けることがありました。

　こういった行動面の問題は，家庭でも，学校でも，筆者との間でも言語を介して扱われました。筆者としては，たかしが肯定的な自己イメージをもてるように，問題行動のみを取り上げるのではなく，生活全般で体験する感情面について話をするように心がけました。

　高校を卒業したたかしは，工場で働くようになりました。そこでも，わざとミスをするといった行動がみられました。これはたかしが不安をもっているときにとるパターンです。上司から怒られたりする中でようやく関係がもてるようになっていくわけです。この時期になると，月に1回程度筆者のところへ通ってきて，その間にあったことを自由に話していきます。相変わらず好きな絵や数字の並んだカレンダーを大切にしていますが，人に強要することはなく，自分の趣味として楽しんでいるようです。

3 ● 考　察

　この事例では，幼児期から青年期までそれぞれの段階で，そのときに応じた「治療目標」をたてています。その変化は筆者が十分な予測をして行なったというよりは，たかし自身の変化から促されたり，母親から指摘されたりといったことに応じた側面が大きいといえます。

　このように発達障害事例の場合は，クライエントの発達に沿ってそれぞれの時期の課題がテーマとなり，段階ごとに「治療目標」も変化していきます。その都度「終結」として捉えて，次のテーマへ向かうことが重要となると考えられます。

[川瀬]

事例13

終結後に再来した不登校事例

　本事例は不登校を主訴に面接を開始し，クライエントが卒業後の進路を決定したことを機に終結したものの，その後，クライエントが自ら希望して筆者の

もとを再訪したケースです。終結にいたる経過をふり返るとともに、クライエントの再来が筆者にもたらした気づきについても考えてみたいと思います。

1 ● 事例

● **クライエント**：達也，初回面接時11歳（小学校5年生）
● **主　訴**：不登校，微熱，腹痛
● **家　族**：両親と本人，姉の4人家族。父親（43歳）は，技術者で会社では部下の統率に優れた人です。活動的で健康志向が強く，家族にもそうあってほしいと望んでいます。子煩悩ですが，関わりは一方的になりがちで，家族はいつも父親の機嫌をうかがってきました。母親（39歳）は，元保育士で，達也を妊娠したことを機に退職しました。その後，達也が1歳半になった頃からパート勤めを始めましたが，達也が3歳の頃，職場の人間関係のストレスから自律神経失調症を患い，以後3年間は寝込みがちになりました。父親に丈夫でないことを責められても言い返せずにきました。姉（3歳年上）は，積極的なタイプで，達也に対しては面倒見がよい反面，命令的でもあります。
● **生育歴・現病歴**：胎生期，周生期ともに問題は聴取されず，また人見知りや後追いもあり，運動や言語の発達にも特に遅れは認められませんでした。保育園入園（1歳半）後1か月間は，母子分離をいやがって毎朝泣いていましたが，3歳になっても，相変わらず別れ際を嫌いました。また何事にもかなり慎重で，長く様子を見てから動き出す子どもでした。しかし最後には帳尻を合わせるため，周囲に遅れをとることはありませんでした。母親が寝込みがちな時期は，母方祖父が保育園の送迎を手伝いましたが，達也に欠席させることも増えました。家では母親の代わりに，姉や父親が達也の面倒をみていました。

達也は，保育園で自分の玩具を取られたりすると泣いて怒って主張することもありましたが，就学後は気の合う子とは遠慮なく遊べるものの，大勢の中ではおとなしい印象の子どもでした。小学校3年生の終わり頃，達也は仲良しの男の子の転校に大きなショックを受けました。また姉の小学校卒業とも重なり，ずいぶん気落ちした様子でした。4年生の春には喘息発作を初発し，以後，遅刻や欠席が増加したためクラスにとけ込みにくくなりました。

秋にはクラスメイトから筆箱を隠されたり，悪口を言われたり，女子から蹴られたりするようになりました。

そして5年生の11月頃より，登校前に微熱や腹痛を訴え，トイレからなかなか出てこられなくなりました。総合病院（当時筆者が勤務）の小児科を受診したところ，精神的要因が大きいと言われ，12月に筆者の勤務する心理相談室を紹介されてきました。

2 ●面接経過

(1) 第1期（第1～16回：X年12月～X＋1年3月）──強引な関わりを避ける

達也はクラスメイトとのトラブルだけでなく，担任に自分の体調不良を信じてもらえない気がして，担任のことも怖く感じるようになっていました。

面接開始以後，保健室登校を試みましたが，達也が学校の中の居場所を感じ始めた頃，保健室に遊びに来たクラスメイトから教室に誘われることが増え，しだいに保健室も落ち着かない場所になりました。筆者は学校と連絡を取り合いましたが，達也は誘われると拒否できず，疲れてしまって，最後には欠席をすることでしか自分を守れない感じでした。また家庭でも，健康志向の強い父親になかなか理解してもらえず，父親は「育て方を間違えた」と暗に母親を責める状態が続きました。達也はそんな父親との関わりを避け，母親の背後に隠れるように過ごしていました。

一方，面接は楽しみにしており，学校を欠席した日も午後には元気に来室しました。筆者に自分の好きな遊びを教えてくれたり，対戦ゲームをしたりしながらおしゃべりが弾みました。学校の話題は避けたい様子でしたが，春休みは，同じ団地内に住む同い年の女の子が遊びに誘ってくれることを楽しみにしていました。

(2) 第2期（第17～40回：X＋1年4月～X＋2年12月）──親子関係の深まりとともに

女性担任が「何時から来てもいいよ」と声をかけてくれたことで，達也は午後の授業や帰りの会に参加するようになりましたが，長くは続きませんでした。この頃，母親は「自分と達也は疲れやすく，緊張しやすいところが似ている。

父親と関わることは自分もたいへん」と述べていますが，一方で，父親は休日に自分の趣味である釣りやテニスに達也を誘うようになり，しだいに達也も父親との外出を楽しみにするようになりました。達也は無理をして登校していた頃と比べて明らかに元気になり，「これまでは身体が自分のものではなかった」と懐述しました。また父親の登校を願う気持ちに変化はないものの，達也の元気な姿を見ることで父親の雰囲気が多少和らいだのか，達也は父親に口答えしたり自己主張したり，ときには母親を責める父親に対して文句を言ったりもしました。

このような達也の変化を受けて，会話を避けていた両親が達也について少しずつ話をするようになりました。来室時，達也は父親との外出時のエピソードを楽しそうに話しました。またプレイ場面でも筆者をリードすることが増えました。しかし，学校の行事前などは，妙におどけて落ち着きがなくなりました。そこで筆者が「行事に追われるのではなく，気持ちが決まっているときは，自分から参加しないことを早めに宣言してしまってはどうか」と提案したところ，達也は納得した様子で，少しずつそれを実行するようになりました。中学入学前は，先述の女の子との遊びに，同じ保育園に通っていた男の子が加わり，毎日のように3人で遊びに出かけました。

中学校入学にあたっては，親子に再び緊張感が高じましたが，達也に大きな変化は認められず，中学校ですすめられた相談室へも数回顔を覗かせるだけに終わりました。若い男性担任とは趣味が合うので会うことをむしろ楽しみにしていましたが，教室には足が向きませんでした。中学生になった達也は，自分が「学校」というものと性が合わないことを確信した様子でした。一方，この頃から，遊び仲間は先述の男の子ともう一人新たな男の子と達也との男3人組になりました。彼らとの遊びを優先して父親との外出を断ることもありました。

(3) 第3期（第41〜128回：X+3年1月〜X+5年3月）——同一化の対象を求めて

勉強の遅れを補うためにしぶしぶ来てもらうことにした家庭教師（男子大学生）でしたが，しだいにこの家庭教師は達也の同一化の対象になっていきました。達也は，家庭教師が忙しくバイトをし，ガールフレンドもいて，学生生活を謳歌しているのに，実は緊張すると人前で声が震えてしまうことを知り，親

近感を覚えたようでした。来室時，達也は家庭教師の話題をひとしきり話し，時どき「先生はどうだった？」と筆者の学生時代についても尋ねました。また，服装もすっかりおしゃれになり，好きなアーティストの音楽をテープに録音しては，筆者にプレゼントしてくれました。中3からは「サラリーマンにはなりたくないけど，高校には行くと思う」と言い始め，「吹っ切ることを覚えたから，もういやじゃない」と勉強にも励むようになりました。ぎりぎりになって，単位制高校を見学し，「ここなら続けられそうだ」と，一浪を覚悟で出願し，受験しました。

終結は浪人の決定直後でしたが，達也は明るく筆者のもとを去りました。両親も達也の成長を実感している様子でした。終結の少し前，達也は「僕は強くなったのじゃなくて，緩くなった。漫画の主人公がいい加減な奴でねぇ，人生緩くやっていると思った。それでもよいのだと気づいた。もう考えるのはやめにした」と話しました。そして翌年，筆者のもとに合格の知らせがありました。

（4）再来初回（終結から3年3か月後）——セラピストとの再会

高校3年生になった達也は，問診票に筆者を頼って来た旨を記していました。達也は，今年の春は例年に増して体調がすぐれず，ほとんど登校できていない現状を話すとともに，「あの頃からずっと，早く周囲に頼らなくてもよい人間になろうと思ってきた。学校にも行けない自分が許せなかった」「（そういう気持ちを）誰にも知られたくなかった」「学校を休んでいると時間があってゲームもすぐにクリアしちゃう。することがなくなっても，新しいソフトを買えるわけでもない。あるとき，雲を眺めていたら，フッとこんな自分は世の中に存在していいのか，存在に意味はあるのかと考えた。すると急に怖くなってしまって，勉強を始めた。何かしていないと怖くてしょうがなかった」と，当時を懐述しました。また家族関係を苦しく感じ続けてきた気持ちも語りました。

少しの沈黙の後，筆者が「子どもだったあなたにも，あの頃私が感じていたことをもっと伝えるべきだったね。…今度は一人じゃなくて，私も手伝いたい」と思いのままを言葉にしますと，達也は安堵の表情を浮かべました。そして，今度は何かを決心したかのように，「これからも会うのであれば，会っていなかった間のことを知っていてほしい」と言葉を繋ぎました。

3 ●考　察

　本事例は達也が11歳から15歳までの4年間にわたっており，この間，達也は面接室をひとつの居場所としながらも，面接室外でのさまざまな人たちとのやりとりをとおしてしだいに変容していったように思われます。すなわち，父性的な関わりに距離をおき，いかにも臆した様子であった達也が，父親に反抗的態度を示すようになり，同性の仲間関係を築き，そして家庭教師に同一化の対象を求めるようになりました。この過程は発達の視点からみても理解しやすいものと思われます。また，筆者の役割は達也の発達に沿いながら，彼を取り巻く環境を保障することであったように思われます。しかしながら終結時，筆者は一定の安堵感をいだく一方で，足早にこれまでをふり返り，「吹っ切れた」と語る達也に，圧巻される思いを感じていたこともまた事実でした。

　再来初回，筆者は達也の口から誰にも頼りきれなかった思いを告げられました。瞬間，筆者にさまざまな思いが錯綜しました。しかしそれはすぐに終結時の記憶と合致し，何かスーッと下りるものを感じました。

　小倉（1996）は，「小学校3・4年生で子どもがこれまでの親との関係を見直してみて，自分自身について深く内省し，その後思春期を経て，高校生年齢には，それまでの子ども時代を総括し，おさらいをする」と述べています。本事例も同様の経過をたどっているように感じられます。また苦しかった家族関係を筆者に伝えながらも，再来した達也が求めていたのは，もはや家族とのやり直しではなく，家族からの離脱と親からの心理的自立でした。幸い達也は仲間関係を保っていました。すなわち筆者の役割は，親からの自立を果たしたいと強く願う達也の思いに沿うことと，再び取り巻く環境をでき得る限り保障することでした。

　達也の再来が筆者にもたらした多くの気づきは本事例を越えた子どものこころへの気づきでした。子どもは大人をはるかに凌駕する感情体験をくり返しながら，ときに深く考えときに思いを押し殺す決意をしてまで，幼いなりに工夫をこらして成長や発達を遂げていく存在だと思われます。それゆえセラピストにはクライエントである子どもが必要とするその時期に，その子どものこころにちょうどよいように沿うことが求められるのではないでしょうか。　　[鈴木]

事例14 中断を挟み入学期と卒業期に学生相談室を利用していった事例

　本事例は大学入学と同時に不適応感を訴え学生相談室を訪れましたが，じきに中断し，その後，就職活動の開始とともに再来したケースです。そこで，大学4年間の生活と学生相談の特徴などについて考察したいと思います。

1●事例

- **クライエント**：清美，初回面接時18歳（大学1年生，再開時3年生）
- **主訴**：学校が不安（初回面接時），就職活動への不安（再開時）
- **家族**：両親と本人の3人暮らし。
- **現病歴**：中学時代に少し休みがちに。不本意入学した大学への適応不安。

2●面接経過

(1) 第1期（第1～7回：X年4～6月）——学校生活への適応

　清美は，化粧気が少なく現代風でクールな学生でした。大学に入学後の4月に学生相談室を訪れ，「学校が不安なんです。学校の雰囲気が合わない。もういっぱいいっぱい」と涙ながらに話しました。また，「第一志望の大学に落ちた。ここではやりたかったことができない。昨日も今日も来たくなかった。日に日に学校への嫌悪感や失望感が募る。これでは卒業もできるか不安。実は中学の頃学校に行きづらい時期があった。その後いろいろあったが，やっと大学に入った。ここでまた中学のときと同じようなことになったらどうしよう。陰で何を言われるかわからない。精一杯明るい子を演じている。暗い子と言われそうで，ここに来るのも不安だった」といった大学への不満や不安も言葉にしました。筆者は，「あなたらしさをあまり削らずにやっていけるといいね。それから，ここの相談室には新入生が随分気軽に来てくれるから，あなたも友だちを誘って来てみてはどうですか」と答えました。その後，筆者の言葉を受け

てか，清美はたびたび異なる友だちを連れて学生相談室を訪れ，ひたすら学校への不満を表明しました。「悪いのはすべてこの大学」といった外罰的な様子に筆者は少し辟易する感じでしたが，それでも意欲の湧かない清美にとって少しでも何かのヒントになればと思い，来談のたびに自己啓発のための各種心理テストを実施しました。

　前期授業も終盤にさしかかった6月になると，「風邪を引いた」とキャンセルの電話がありました。そして清美は，「もう自分で何とかやって行けそうだから……失礼ですけど……」と次の予約を入れませんでした。筆者は，清美なりに入学期の不安を乗り切ったのだから，と思いながらも，「失礼ですけど……」という大人びた断り方が耳に残りました。筆者は「また何かあればいつでもどうぞ」と伝えながらも，この時点で清美が再来するとは思えないでいました。日常の相談業務においては「来るものは拒まず，去るものも追わず」スタイルが定着していたのですが，清美とのこの別れ（中断）は筆者にとってクライエントの個性とニーズに対する「いたらなさ」を感じざるをえませんでした。

(2) 第2期（第8〜18回：X+2年10月〜X+3年5月）——就職活動を刑期とした自己内省

　その後，約2年半が過ぎた頃，清美が不意に学生相談室にやって来ました。彼女は，「あれから大学を辞めないで続けて，いい成績を取るように頑張ってきた。ゼミも希望のところに入ることができて，もともとやりたかったことに近いことが卒論で書けることになった。でも就活は別。就活でやらされる『自己分析』作業は中学時代のいやな思い出が蘇る。これまで避けてきたことに取り組めと言われているようで苦しい」と，涙ぐみながら話しました。

　そして，清美はあらためて定期的な面接を希望し，第1期では決して触れようとしなかった小・中・高での経験をふり返るようになりました。「自分に自信がもてない。自分が嫌い。人が何と言ってくれても疑ってしまう。落ち込むと底なしに落ち込んでしまう。自分の中に深く暗いものがある」といった自己否定感情や希死念慮をたびたび口にする中で，体調を崩し，どんどん自分を追い込んでいく感じでした。筆者は，清美の語る人間不信や底知れぬ暗闇の大きさに圧倒されながらも，清美の苦しい就活を見守り続けました。

(3) 第3期（第19～29回：X＋3年6月～X＋4年3月）——就職の内定から卒業まで

6月に入ると，清美はある会社の内定を得て，「不満はあるけど，もう疲れたから就職活動はやめる」と話す一方で，「この会社でよかったのか」といった不安にも苛まれていました。しかし，中学時代の同級生や志望大学に入学した同級生が就活に苦戦していることを知り，「思うようにいかなかったこれまでの人生だけど，まあ，悪くもなかった」と考えられようになりました。

その後は，それまでの週1回の定期面接からオン・デマンド形式で月1回程度の面接が卒業まで続きました。面接ではしだいに，「内定した会社で数年は頑張ってみる。それから先のことはそのときに考える」といった気持ちが固まっていきました。また周囲の人は卒論を高く評価してくれるのに自分では物足りなく思っていることなどを表情豊かに語りました。「今の清美さんには『自分が嫌い』といった昔の雰囲気はほとんどないみたい」と筆者が言うと，清美は「あー，それはそうかもしれない。今は，まあいいかな，という感じでいる」と答えました。しばらくの沈黙の後「悲しくないのに涙が出るなんておかしいな。1年間つらかった。本当にいろいろあった。いろいろありがとうございました」とこの1年をゆっくり思い返している様子で語ったのが印象的でした。

3 ●考察

(1) 大学の入り口と出口における相談

不本意な入学と大学生活への不適応感という清美の主訴は，多くの新入生にとっても大きなテーマです。ただし，その背景は，家族，特に親との葛藤が背景にあるもの，物理的に慣れ親しんだ環境からすべて引き離されたことへの反応，そして，清美のようにこれまでの学校生活の中でのつらい経験が新しい環境への適応を妨げる場合など，実にさまざまです。実際の大学生活では友だちもいて，履修上の問題はありませんでしたが，清美は昔のようないやな思いをしないよう一生懸命明るく演じていたわけで，本音としての「弱さ」や「涙」は登校前の自宅か，学生相談室でのみ出せるようでした。友だちと来室するときの清美は一人で来室するときの心細そうな様子は微塵も見せず，大学への不満を共通の話題として友だちと繋がっている様子が感じられました。そして

徐々に学生相談室という避難所や弱みの解放区がなくても学生生活を送れるようになっていったものと思われます。

つらい経験や自信のなさに蓋をして，日常の中で自我の強化を図って卒業していく学生も少なくありませんが，清美は就活という社会に出るイニシエーションの中で自分の弱さと向かい合わなくてはならなくなったのです。

(2) 中断選択におけるクライエントの自律感とセラピストの無力感

相談業務に携わっていると，どうしても弱い立場にある人に対して庇護的な気分に支配されるときがあります。当初清美の涙に接して筆者には「何か役に立ちたい」という思いが湧きましたが，際限なく大学への不満を愚痴る清美には，「もっと内省的になってほしい」という思いが湧き，いくつかの心理テストを実施することになりました。もしかすると，心理テストは清美にとってまだ触れたくない自分の弱さの蓋に触れることになったのかもしれません。クライエントの「自分で何とかできる」という判断は基本的に尊重されるべきものですが，今回の場合，筆者があえて仕切り直しをしなかったことがかえって，本人自らの意思で再来することに繋がったとも考えられます。いつでも出入りの自由な治療（神田橋, 1988）は青年期の場合，特に大切な感覚であり，それが青年期にあるクライエントの自主性，自律感が育まれることに繋がるのではないでしょうか。

本事例における面接の再開と終結は，学生相談が4年間同一キャンパス・同一カウンセラーで行なわれていたことに大きく依拠しています。人間の成長という大きな流れの中では，こういった中断もクライエント本人の自律感・自主性の芽生えとして貴重であるという視点が，カウンセラーの自己反省の合わせ鏡として重要になると思われます。

(3) 終結に込めたいセラピストの思い

同様のことは終結にもいえます。クライエントにとって自分が最後のカウンセラーになりたいという欲求が，カウンセラーに全く湧かないとはいえません。けれども学生が卒業後の長い人生の中で再び試練の場面に出くわしたとき，かつて大学で受けたカウンセリングを思い起こし，またそういった時間を専門家ともとうと思ってもらうことが，学生相談室の最も大きな使命なのかもしれません。

[渡部]

事例15

児童養護施設における被虐待児との関わりの事例

近年，虐待の増加に伴い，児童養護施設ではさまざまな問題を抱える被虐待児が多く入所するようになりました。本事例に登場するクライエントは，実母から身体的・心理的虐待を受け，妹と共に児童養護施設に入所していました。入所後，暴力が主訴で面接を開始し，治療半ばクライエントの意志で面接が中断となりましたが，最終的に面接は再開・終結しました。本事例において中断がもたらしたものと終結の決定について考えてみたいと思います。

1 ● 事例

- **クライエント**：健二，初回面接時7歳（小学2年生）
- **主訴**：他児や妹への暴力，攻撃性
- **家族**：母親，本人，妹の3人家族。健二の父親（35歳）は鉄工所を営む家の4人兄妹の長男として生まれました。家業を嫌い，家から飛び出し，タクシーの運転手をして生計を立てていました。女性関係にルーズなところがあり，結婚後も浮気をくり返していました。母親（33歳）は，6歳のときに両親が離婚，以後母子家庭で育ちました。大学を卒業したものの，定職には就かずに内職などをしていました。健二の3歳下の妹が生まれた頃には，父親は愛人宅に身を置く生活を送っていました。母親は精神的にかなり追い詰められ，健二が3歳，妹が0歳のときに離婚にいたりました。
- **生育歴・現病歴**：父親が不在がちになると，母親は精神的に不安定になり，健二に対してしつけと称し体罰を行なっていました。離婚したもののどうしても夫への未練が断ち切れない母親は，ますます不安定さを増し，精神科に通っていました。健二が小学校に上がる頃には，時折パニック状態に陥り，包丁をふり回して子どもを追い，近隣の人に止められるということが起きています。近隣の住民が児童相談所に通告し，健二と妹は4度の一時保護を経

て，児童養護施設に入所することとなりました。

施設に入所した健二は施設内の子どもたちに対して，威圧的な態度で迫り，暴力をふるうようになりました。また妹に対しても，言うことを聞かないと暴力をふるっています。施設職員からの相談を受け，施設で心理療法を担当していた筆者が健二の治療（プレイ面接と箱庭療法）を担当することになりました。

2 ● 面接経過

(1) 第１期（第１～７回：X年11月～X＋１年１月）——セラピストとの関係作り

【第１回】最初は，筆者に確認しながら遠慮がちに箱庭の砂に触っていた健二でしたが，最後には元気に砂を床に撒き，少量の砂をポケットにしまい込みました。【第２，３回】健二は施設入所時の様子について，「僕，突然ここに来たんだ。ここに来たくなかった」と話しました。【第４回】箱庭の箱の中に丸くなって入る様子から，筆者は健二の緊張と敏感さを感じました。【第５回】筆者に対する興味が大きくなり，筆者の膝に乗ってきましたが，相変わらず緊張感が伴っていました。【第６回】面接が終了に近づくと攻撃性が出てきました。【第７回】プレイ中に健二と筆者を象徴的に表わす物が登場し，箱庭における２人の陣地の境界がはっきりしてきました。

【第１期のまとめ】筆者の顔色や様子に対して注意深くアンテナを張って見ていました。繋がりを保つことがむずかしく，砂を持って帰ることでかろうじて筆者やプレイルームの安定性を築いている様子がうかがわれました。

(2) 第２期（第８～16回：X＋１年１～４月）——セラピストと距離を置く

【第８回】筆者に対する呼び方が「お姉ちゃん」から「あなた」に変わり，筆者は距離を置かれている感じを受けました。【第９回】健二のアグレッションが筆者に向かい，投げたおもちゃの１つが筆者に当たりました。痛みを我慢した筆者に対して，健二はさらに怒りの感情をみせました。【第10回】健二のお気に入りのミニカーや飛行機を「もう死にました」と言いながら衝突させることをくり返しました。筆者が「死なないで」と言うと，健二は「そんな簡単な言葉で，もう死ぬのはやめました」と答えました。生活面では万引きをして

捕まりました。【第11, 12回】プレイの終わり頃になって健二は，生き生きと砂を床に撒き散らしました。この攻撃性は，自分を侵すものへの恐怖を表わしているように感じられました。【第13回】箱庭に初めて生き物が登場しました。健二が筆者と距離をとろうとしている印象を受けました。【第14回】筆者との関係も，箱庭における生物と無生物のスペースもせめぎ合って，葛藤しているようでした。【第15回】筆者と健二に共通するわずかな過去を回想しました。筆者が覚えていることを確かめては安心しているようでした。【第16回】無人島をテーマに箱庭を制作し，ダンプカーの衝突，逃げ場のない人々，助けてくれない仲間たちといった表現をしました。

【第2期のまとめ】筆者に近づきたい気持ちと近づくと怖いという気持ちの葛藤が表面化しました。アグレッションの表出や距離のとり方は，自分と筆者を守るための無意識的行動と考えられます。

作品1　第16回無人島に取り残される車

(3) 第3期（第17〜23回：X＋1年4〜6月）——面接の中断

【第17回】何かに取り囲まれ，どうにも自分の力では突破できない状態をテーマに箱庭を作りました。健二は「自分のハウスに一緒に行こう，一緒に泊まってくれ」と筆者に甘えてきました。【第18回】気分の浮き沈みが激しく，健二の不安定さがうかがわれました。「死にました」というテーマの絵を描きました。【第19, 20回】プレイルームの外で「秘密基地を作りたい」という気持ちが高まり，健二は外へ飛び出しました。面接の枠を破ろうとする健二の姿がうかがわれました。【第21, 22回】健二は大切な友だちと遊ぶ約束と面接の時間がぶつかり悩んでいました。

作品2　第17回車の衝突事故と事故現場

「僕の気持ちがわかるのなら，（面接を）終わらして。少ししかわからないんだったらもっとちゃんとわかってよ」と叫んで飛び出しました。【第23回】面接の継続か中断かについて健二の意向を聞いたところ，健二は迷いながらも，中断を選択しました。筆者は，面接はいつでも再開できることを告げました。

　【第3期のまとめ】この時期，母親が父親を呼び出す口実に子どもを利用し，健二と妹はたびたび母親宅に連れ帰られました。しかし，父親は愛人を伴って健二らに面会し，母親はその怒りをさらに子どもらにぶつけました。健二にとっては，父，母，筆者，友だちとの関係は不安定で，繋がりをうまく保てないようでした。

　（4）第4期（第24～29回：X＋1年11～12月）――面接の再開
　【第24回】健二は施設職員に「もう一度築地さんと会う」と告げ，筆者は久しぶりに健二と再会しました。健二の口から面接の構造（時間，部屋の制約）や筆者に対する不信感があったことが語られました。また，虐待されていたころの様子が初めて語られました。【第25回】中断前によく使っていたおもちゃを確認しながら並べていきました。【第26，27回】健二が再び砂を撒き散らしたことを受けて筆者は「言いたくていえないことの代わりかな」といった話をしたのですが，健二は「自分の気持ちは教えない」と拒否しました。【第28回】作った作品をその場で壊し，健二は「また作れるから今日壊しても大丈夫」と言いました。【第29回】健二が筆者に投げつけたおもちゃが壁にあたって割れ，お互いが「怖かった」という感情を共有しました。

　【第4期のまとめ】再び筆者と対面し，健二は過去をふり返り始めました。健二は，施設で暴力をふるっていた自分のつらさをふり返り，その原因を母からの虐待であると説明しました。そのうえで，今もつらさの残る「母の僕いじめ」だと話しました。このようにふり返りの作業や自分の葛藤を見つめることは，苦痛を伴い，ときに健二を不安定にしました。

　（5）第5期（第30～35回：X＋1年12月～X＋2年2月）――繋がり始めた
　　　健二
　【第30回】健二は砂を大切そうに箱庭に戻す作業をしました。飛行機が何度も飛び立つ遊びから筆者は，健二のこの部屋や施設から飛び立ちたい気持ちを感じました。【第31～34回】筆者が時間を告げるまでレゴ作りに没頭しました。

【第35回】時間をかけて作ったレゴの飛行機を飛ばして遊びました。健二と筆者が作った2機の飛行機を並行飛行させました。

【第5期のまとめ】以前は面接時間が少なくなると砂を撒き散らしたり嘆いていた健二でしたが，この頃は，時間を意識して面接を終了することができるようになりました。

（6）第6期（第36〜52回：X＋2年2〜8月）──終結までの道のり

【第36回】「これ（面接）やめようかなあ」と健二のほうから終結を匂わせました。【第37回】前回の終結への発言を取り消すように「あれはうそ」と言いました。【第38回】健二の暴力も消失し，落ち着いた生活ができるようになったことを受けて筆者が面接の終結を打診すると，健二は笑いながら「俺はこれ（面接）のために施設にいるんだからやめない」と言いました。【第39〜41回】終結の話が出てから，お互いぎこちなくなり，レゴを作る様子も退屈そうになりました。【第42回】「なんだか今日は時間が経つのが遅い」と言っていた健二でしたが，終了間際になると「時間が足りない」といって筆者に怒りを向けました。【第43，44回】健二は面接の時間に遅れてきました。終結の話が出ないようにするためなのか，健二は一方的に筆者に命令しながらレゴを作りました。筆者は面接が終わってしまうことへの不安を言葉にしました。【第45回】再び筆者が終結の話をすると，健二は「今はしんどさが小さくなった。だけどまだ残っている」と言いました。【第46，47回】終結への抵抗は，筆者をコントロールするという形で表現されましたが，最終的に終結を決め，残りの面接でやりたい遊びを決めました。【第48〜51回】終結に対する不安を抱えながらレゴで作品を作りました。【第52回】紙粘土で自分の手形をとり，日付を刻んで，終結しました。

3 ●考察

健二の育ってきた環境を考えると，十分な基本的信頼感が構築できていなかった可能性があります。したがって，健二にとって他者と繋がることは，期待と怖さを同時に抱え，たとえば筆者との約束と友だちとの約束の間では強い葛藤を引き起こしていたと思われます。健二が自ら決意した面接の中断は，「ものごとは自分の意志で選択できること」や，「別れても人と人との関係は保たれ

ること」を身をもって味わう体験となりました。

　終結に対して健二はかなりの抵抗をみせました。健二の問題行動は沈下しましたが、母親に対する怒りや恐怖、父親に対する失望感などは完全に払拭されたわけではありませんでした。施設で暮らす健二のような被虐待児の多くは、虐待のトラウマと分離・喪失テーマの両方を抱え、発達に応じて適切なこころの援助が求められます。今後も援助の必要な課題が次つぎと待ち受けていると思われますが、健二には自分の気持ちを言葉にし表現する力が備わっており、健二の次なる発達課題は男性モデルへの同一化だと筆者は考え、今後は女性である筆者との面接を継続させることよりも、生活面で男性職員との繋がりを深めていくことにしたのです。

[築地]

事例16　金銭に関わる問題行動の事例

　本事例は、金銭に関わる問題を起こしたクライエントに対して、行動の改善と性格面の変容および成長を目指してプレイセラピーを実施したものです。プレイセラピーの過程、親（祖母）子並行面接、関係機関との連携状況などを示し、特に終結のむずかしさに焦点を当てて検討してみたいと思います。

1 ● 事　例

● **クライエント**：秋夫、初回面接時10歳（小学4年生）
● **主訴**：金銭に関わる問題行動など
● **家族**：祖母（62歳）と本人の2人暮らし。両親は秋夫が生後間もなく離婚し、母方の実家に引き取られました。その後、母親（33歳）は精神面のバランスを崩し、入院するにいたっています。近所に叔母（母の妹）家族が居住しています。
● **生育歴**：胎生期、周産期に問題はなく、乳児期の発育も順調でした。始歩、始語などは比較的早いほうでした。4〜5歳のときに小児気管支喘息に罹り、

以降通院と服薬を続けています。幼児期から短気で，カッとなるとすぐに物を投げつけたり，友だちを叩いたりしていました。その反面，とても寂しがり屋で甘えん坊の面があり，一人では留守番もできないようなところがありました。学校へは，病気で休む以外は，ふつうに登校しています。友だち関係では，これまで相手を泣かせたりすることはありましたが，大きなトラブルにはいたっていません。

◉**現病歴**：秋夫が4年生になって間もなく，よく遊んでいた友だちの家から現金を盗んでいたことが発覚しました。また，中学生から「お金を取ってこい」と言われ，祖母の財布から現金を抜き取っていたことも明らかとなりました。その後は，その友だちや中学生とは距離を置いている状態でしたが，祖母が今後のことや秋夫への対応について不安を抱いていたことから，学校からの紹介で来所することとなりました。

2 ●面接経過

支援形態は，週1回のペースで親（祖母）子並行面接を実施しました。ここでは，秋夫とのプレイセラピーを中心に事例の流れを報告します。

(1) 第1期（第1～4回：X年12月～X＋1年1月）――出会いとラポールの形成

【第1回】 初めて会った秋夫の印象は，意外におとなしい子という感じでした。当初，秋夫は筆者に対してかなり警戒している様子を示しました。プレイルームに入っても，部屋の片隅にある砂場の縁に腰かけ，こちらに背中を向けてうずくまるような姿勢で砂をいじっており，周囲に置いてあるおもちゃ類には全く興味を示していないようでした。筆者が「いつも何をして遊んでいるの？」と問いかけると，「ブロックとかをしている」とボソッと答えるだけで，会話は一向に弾みませんでした。**【第2回】** かたくなな態度の秋夫に対して，筆者はまず自分が害を与える大人ではないことを理解してもらおうと，なるべく干渉せずにただそばにいることを心がけ，会話はせいぜい雑談程度にとどめることにしました。そして，秋夫は少しずつ会話に関心を示し始め，ともに時間を過ごすことを受け入れるようになってきました。**【第3，4回】** たわいのない言葉のやりとりから体を動かすことに自然に移行し，キャッチボール，竹馬

などで一緒に遊ぶことが多くなっていきました。ここにきて，秋夫の表情にようやく笑みがみられるようになってきました。

(2) 第2期（第5～8回：X＋1年1～2月）──セラピストとの相互交流の開始

【第5，6回】秋夫は予定時刻よりも早めに来所し，筆者を待っているようになりました。本センターに通うことが楽しみになってきたのか，セッションの回数を重ねるにつれ，秋夫の行動が活発になってきました。初期の頃はプレイルームの片隅にいることがほとんどでしたが，この頃になると部屋全体をところ狭しと駆け回り，はしゃいでいる場面がしばしば目につくようになりました。また，おもちゃの刀を取り出し，「先生，チャンバラしようよ！」と秋夫のほうから大きな声で筆者を誘うようにもなってきました。チャンバラやプロレスごっこなどの闘う遊びをとおして，秋夫と筆者の体を使った相互交流が展開され始めました。【第7，8回】言葉でのコミュニケーションも少しずつ増えてきました。去年のバレンタインデーには，3人の女子からチョコレートをもらったのに，今年はぜんぜんもらえなかったこと。もうすぐ叔母に赤ちゃんが生まれることなどを，はにかむように話しました。筆者のプライベートなことへの質問もしてきました。会話が盛り上がってくると，終了時間になっても「家に帰ってもおもしろくないから」と言い，なかなかプレイルームを出ようとしませんでした。

　祖母面接では，それまで秋夫が祖母に甘えていた身辺のことを少しずつ自分でやり始め，祖母と手をつなぐのも恥ずかしがり出したと語られました。

(3) 第3期（第9～23回：X＋1年2～10月）──攻撃性を表わしながら

【第9回】ローラースケートを履いて来所し，相談室前の廊下を数回往復しました。まるでデモンストレーションのようなふるまいです。またこれ以降，秋夫はいろいろなものを持参するようになります。ヨーヨー，ラジコンカー，小型ゲーム機，ファーストフードのハンバーガーやポテトフライといった食べ物類，捕まえてきたトンボと，実にさまざまです。しかしセッションに入ると，それらを意外なくらいあっさりと放置しました。【第14，15回】新学期を迎え，秋夫は5年生に進級しました。この頃より，プレイルームでの行動も攻撃的になってきました。ミニカーを壁に思いっきりぶつけて壊したり，ダーツの矢を

ボールに突き刺すなど，エスカレートしました。ときおりセラピストを試しているのか，「こわしてやる」と叫びながらプレイルームのおもちゃを激しく砂場に叩きつけることもありました。

　セラピストはそばにいて，極力制限はしないで見守るという態度で接し続けました。するとほぼ毎回，セッションの前半を過ぎた頃に攻撃性の表出は収まり，後半はトス・バッティングなどルール性のある運動に移行していきました。

　5月は秋夫に喘息の発作が出て，キャンセルが続きました。【第17回】喘息から回復した秋夫は，木片で工作をすると言い出したり，創造的な活動がみられるようになりました。この間のセッションをとおして，筆者は秋夫が基本的な善悪の判断ができる子であると確信しました。【第18，19回】この時期から，秋夫は自身のことを多く話すようになりました。剣道を習い始めたこと，自然学校のキャンプファイヤーがとても楽しかったことなどを，感情を込めて語ってくれました。【第22回】祖母面接にて，この間の秋夫の日常生活の様子が語られました。3月下旬に秋夫は近所の家のドアを傷つけるなどして，学校に通報されました。祖母も学校へ呼び出され，共に指導を受けています。その後は特に問題を起こしてはおらず，最近は素直な言動が増えてきたとのことですが，この出来事をきっかけとして，校長のすすめで児童相談所にも相談に行くことになりました。そこでは，秋夫の自宅を定期的に訪問して一緒に遊ぶメンタルフレンドの利用が提案されました。そのことを受けて，本センターの担当セラピスト（親担当，子担当）は，児童相談所，そして学校と連絡をとり，ケース・カンファレンスを実施しました。その結果，祖母の通所に関わる負担も考慮して，10月半ばから秋夫の自宅にメンタルフレンドの訪問を開始することが確認されたのです。

　（4）第4期（第24〜27回：X＋1年10〜12月）──やさしさの表出と相互交流の深まり

　【第24回】秋夫はプレイルームに入るなり，唐突におもちゃのオルガンを弾き始めました。曲は「マイ・ウェイ」の一部です。筆者が意外な秋夫の行動に驚き，どうしたのかと尋ねると，「今度，音楽会の司会をやることになったの」と得意気に答えました。その曲目がマイ・ウェイだというのです。【第25回】あれほど激しかった攻撃性の表出がほとんどみられなくなり，秋夫は治療者と

一緒にゲームをして楽しむようになってきました。ゲームをしながら，メンタルフレンドとの関わりについても話すようになりました。一緒にTVゲームをしたり自転車に乗って遊んだこと，近日中に釣りをする約束になっているなど，嬉しそうに教えてくれました。

これまでのプレイセラピーの経過と秋夫の安定した今の状態を踏まえ，祖母面接にて終結の合意に達し，秋夫にも終結を伝えることにしました。【第26回】終結のことを告げると，秋夫は急に黙り込み，筆者の問いかけにもほとんど答えなくなってしまいました。筆者も少なからず動揺し，とにかくまた来週に話し合うことを約束してこの回を終えました。【第27回】ところが秋夫は来ず，祖母のみが来所しました。秋夫は「もう終わったから行かない」といって家から出ようとしないとのことです。その後，秋夫が来所することはなく，祖母との合意で一応終結することとなりました。

3 ●考 察

この事例のクライエント秋夫は，幼少期における両親の離婚，母親の長期入院，祖母との2人暮らしと，安定した家庭の中で養育を受けた経験が乏しいと思われます。そのような環境にあって，秋夫の起こした問題行動は，ある意味では寂しさを埋め合わせるための代償行為と捉えられなくもありません。

そう考えると，問題行動そのものは決して許されるべきではありませんが，秋夫の気持ちに共感できるところもあるように思われます。事例の経過は先に述べたとおりですが，秋夫の性格矯正および成長を中心に据え，関係機関との連携も視野に入れながら支援を進めてきたものです。秋夫については，紆余曲折を経ながらもパーソナリティの変容と成長がある程度みられており，お互いに納得のいく終結を迎えられなかったにもかかわらず，その後は問題行動もおさまっていると聞いています。

この事例をとおして学ぶところは多く，終結に関わる問題としては，次の2つをあげることができると考えています。第一は，秋夫へ唐突に終結を告げてしまったタイミングの悪さです。それまでの経過がそれなりに順調であったからとはいえ，少なくとも，秋夫が終結に向けてのこころの準備ができるような段階を踏むべきであったと考えられます。

第二は，第一の点と大いに関連していることですが，セラピストである筆者の側に，いつのまにか秋夫との「断ち切り難い思い」が生まれており，終結の話をすることを半ば無意識に躊躇するようになってしまっていたことです。特に，第3期の児童相談所によるメンタルフレンド派遣が決まった頃から，関係機関と連携して秋夫を支援していくことに心強さを抱きながらも，同時に秋夫が筆者のもとから離れていく寂しさを痛感していたために，終結の話題を提示することを避けるようになっていたのかもしれません。

筆者が終結をめぐる課題についてもっと自覚的で，なおかつ自らの別れ難い思いを処理し，「断ち切る勇気」をもっていたなら，このような気がかりの残る終結にいたらずにすんだのではないかと思われます。　　　　［岩崎］

事例17　既婚女性の中年の危機，そこからの離脱の事例

本事例では，既婚女性の中年の危機と，そこからの離脱にいたる経緯を考察します。

1 ●事例

●**クライエント**：志乃，初回面接時43歳（大手外資系企業勤務）
●**主訴**：不眠，抑うつ感，仕事の意欲の減退，誰かに見張られ探られている感覚をふり払うことができない
●**家族**：大手企業技師で管理職の夫（50歳），無職の夫方祖母（75歳）と志乃の3人家族。夫は，一流大学工学部の大学院を卒業後，人もうらやむほど順調に会社で昇進しました。しかし上司の出向で窓際の部所に移動したことをきっかけにして仕事への意欲を失い，抑うつ感・身体の不調を感じ心療内科で仮面うつ病と診断されて，薬物療法とカウンセリングを定期的に受けています。姑は元気でガーデニングに打ち込んでいますが，息子（志乃の夫）が3人きょうだいの長子であること，姑の夫が若くして亡くなったこともあっ

てか，息子が結婚しても一人前の大人として扱わず，食事，嗜好品の購入，洗濯の世話と溺愛を続けています。2人の妹たちも祖母と同様に，嫁いで子どもがいるにもかかわらず，兄の雑事をいそいそと手伝い，料理を作ったり，掃除をしたりと頻繁に実家に出入りしています。

◉**生育歴・現病歴**：会社員の父親と母親，2人姉妹の次女として問題なく核家族の中で育ちました。女性であっても自立できる人生が送れるようにとの両親のすすめもあって，中学生のときから得意だった英語力を生かせる翻訳家を志し，大学では英文学を学びました。卒業後は一般企業へ就職し，そこで夫と出会い結婚しました。志乃は子どもがほしかったのですが，夫の不妊治療への協力が得られず妊娠を断念しました。その後，出産適齢期が過ぎた頃から，抑うつ感を感じ，離婚を考えるようになりました。しかし再婚を決意するまでにはいたらず，人生の負け犬になってしまったと思う日々が4年ほど続きました。やがて，職場や通勤途上で誰かに見張られ，探られ，さげすまれ，非難めいた視線が不特定多数の人から向けられていると感じるようになりました。特に休日は，自室にいると何者かが庭へ音をたてずに侵入し，自分の行動を探っている気配が強く感じられるようになりました。勇気を出して確認してみると誰もいないので錯覚かとも思うのですが，不眠，抑うつ感，希死念慮が強まり，友人のすすめもあって来所されました。

2 ●面接経過

（1）面接の概要

面接期間は1年4か月で，12月に開始し，翌々年の3月に終結しました。面接回数は45回で，箱庭表現は2か月～3か月の間隔で5回実施しました。いずれも志乃の自発的な希望でした。箱庭の所要時間は15分くらいで，ほとんど考えないで制作されました。面接時間の多くは，家族内の人間関係や自身の人生感についての語りに費やされ，筆者は傾聴，共感をむねとして対応しました。ときに夢が報告されましたが，その際は筆者は夢に対する連想を求め，その意味について話し合いました。箱庭作品には志乃と，筆者の印象把握を表題として併記します。

（2）第1期（第1～6回：X年12月～X＋1年1月）──現在の絶望感の表現

作品1は面接開始から約2か月後の表現です。筆者が「表現全体は中央の蓮の花，右上の花輪，左下の赤い橋と色彩豊かで，おみこしも置かれており明るい感じがしますね。しかしキリンや魚は，輪になって時計の回転とは逆の方向に回っています。トイレのフタは閉じ，使われていないようですか。その横には氷のブロックがあり，冷気の漂う中を子ヤギたちが，温かさを求めてキャンドルの灯るほうへ移動していっていますね。青いガラスのピーマンは，冷たさや硬さを主張しており，何かしら毅然とした意地が含まれた人格，そんな存在感を与えますね」とコメントしますと，志乃は，「砂につき刺さる傘はもう自分は若くない，若さの断念の気持ちが，ここに突然出てきたように思います。そんな気持ちで置いたわけでないのですが。青いピーマンの人格は，未熟な意地を張っている私といわれてみると，不思議ですが納得できます」と答えました。

作品1　志乃：「気にかかるアイテムを置きました」
　　　　筆者：「とりあえずの自己紹介」

（3）第2期（第7～21回：X＋1年2～6月）──希望がなく，みちあふれる倦怠感

作品2は面接開始から約7か月後の表現です。筆者が「猫は3本の十字架を背にして遠い水平線の太陽を見ていますね。太陽は沈んでいくのか昇っていくのかわかりません。とぐろをまく蛇，黒のコートをまとったドラキュラ，雷の子，蟻，砂の中から鋭いハサミを出すサソリ，毒々しい紅白の唇。これらはひとまとめにして不安な領域とよべるようですね。この領域からは何か

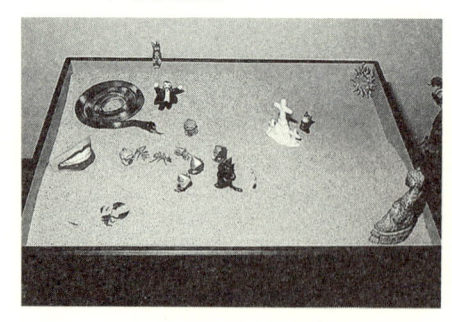

作品2　志乃：「希望がない孤独な私」
　　　　筆者：「目をそむけてきた自分の悪，影，怒りに直面」

強い不快感，怒りによるこころ，身体イメージの混乱が伝わってきます。3体のウルトラマンは鉄製の腕を腰に回し，鋭い視線で自信たっぷりにそりかえった猫は，こころの混乱に直面して何かに対応しているようですが，その形勢はやや劣勢のようですかね。枠の上に座る赤い花柄の服を着た猫。仏像は不安な領域で起きていることや孤独な猫をやや距離をおいて見守っているようですね」とコメントしますと，志乃は，「太陽は沈んでいく。夕焼けを見るのが好きですから。蛇，唇は夫にやかましく世話をする姑や，妹たちの超不愉快な雰囲気を置いてみました。十字架を背にする猫はあらゆることがもううんざりの私です」と答えました。

(4) 第3期（第22〜30回：X＋1年7〜9月）──統合されない中にも希望の兆候が

作品3は面接開始から約10か月後の表現です。筆者が「宇宙空間ですか。寒々としているけど，すごく自由で許容度のある世界と感じられますね。そこでの3頭の仔犬と1頭のオコジョは，姿かたちが小さく弱々しいものの，新しいけなげないのちの誕生，そんな実感が伝わってきます。こころの奥深いところでの本能的な動物性，自発性が活動を開始する兆候ですかね。それが，

作品3　志乃：「絶望，孤独，冷え冷えとした宇宙」
　　　　筆者：「死の体験から再生に向けて」

こころの再生を意味すると感じられのですが」とコメントしたところ，志乃は，「小さな犬たちが，私のこころが再生する兆候ですか。冷え冷えとした孤独と絶望，仲間は離れ離れで分断されているんですが。ビー玉は，ばらばらな私の感じです」と答えました。

(5) 第4期（第31〜40回：X＋1年10〜12月）──自尊心の回復に向けて

作品4は面接開始から約1年1か月後の表現です。筆者が「カメとてんとう虫が，橋を渡って洋館に向かっていますね。白色のミニゴジラが，洋館の中を探っているようですね。中央のリンゴは，最初の作品に出てきた青いピーマンが，色かたちを変えて登場してきたのでしょうか。その前の鎖のついた時計は，

作品4　志乃:「傷心者の旅」
　　　　筆者:「傷ついた自尊心の回復に向けて」

新たな現実的な秩序を実感させてくれます。右上の黒い背の高いキリンは，志乃さんのこれまでの人生における一面化した高い野心，そのこころの影と感じられます。それは翻訳家になる夢との無意識的な断念。恋愛結婚をして夫の母親との同居による3人の無理解なままでの生活の疲れ。妊娠・出産・育児へとの母親になることがかなわず，さらには離婚から再婚へとの出直しに躊躇とあきらめの気持ちが，背の高い黒色のキリンに込められているように感じられます」とコメントしますと，志乃は，「ミニゴジラは，姑なのです。先日自室にいるときに，庭から誰かが私を探っていると感じ，恐る恐る外を勇気を出して見てみました。するとなんと姑が実際に草抜きをしていたんです。この瞬間に私は，拍子抜けしてしまいました。この体験によってこれまでどうしても払いのけることができなかった何者かに探られている，見張られている感覚が不思議にも消えました。面接に通いだして1年，徐々に症状は軽減してきていましたが，この偶然には驚きました」と答えました。

　さらに，筆者が「このキリンはかつて志乃さんのこころを無意識が，どろどろとした未分化な感情的感覚的な力によって支配されてきたことを物語っているように思われます。またキリンは，視野が広く遠くまでを見通すことができるが，それは保身としての臆病さ，警戒心をこころの中に秘めたもので，周囲を細やかに観察しながら思慮深くふるまう特性を，進化の過程の中で洗練してきたと思います。志乃さんの人生の歩みに重なる感じがします。ゴジラは黒から白に脱色。ピーマンは青色から新鮮なリンゴに変身します。蛇，サソリ，蟻，ドラキュラ，大きな唇の示す混乱と不安の領域は，それが鎮まり，簡潔にこのキリンに集約されてきたように感じられます。こころの作業は，橋を渡っているてんとう虫，遅々とした歩みのカメのようにうまくいっているように感じられます」とコメントしますと，志乃は，「心細いが自分らしくやっていけばいいのかなと，今日思えるようになってきました」と答えました。

（6）第5期（第40〜45回：X＋2年1〜3月）——自分らしく生きることへの宣言

　作品5は始まりから1年3か月後の表現です。この表現の後，2回の言語的面接で心理療法は終結しました。筆者が，「馬，叫ぶ女，兵士，ビル，海賊，熊さんのどれもが倒れていますね。丸い家，白蛇，橋を渡るスナフキンは，立っていますね。このコントラストは，何でしょうか，謎めいていますが。蛙は山の上で寝そべって，その背後にビー玉が1つ置かれ，海には2匹の魚が

作品5　志乃：「旅立ち」
　　　　筆者：「いっそう確かな自分になっていくための覚悟」

こちらを向いていますね。蛙や魚，ビー玉は，白蛇に背を押され橋を渡るスナフキンを，見守りながら待っているようですね。スナフキンのこれからの旅は，大いなる力によって受け入れられようという雰囲気が漂っているように感じられます」とコメントすると，志乃は，笑顔で「謎は，これまでの嫌悪すべきおぞましいことのすべてをここに表現してみたことで，解けると思います。絶望して叫ぶ女はかつての私。兵士たちは，無力な夫を熱心に世話する姑や妹たちにむきになってこころの中で闘っていた愚かな私。ビルは仕事に逃げてきた私。赤いバンダナを頭に巻いた海賊は，マザコンの男と知らずに結婚してしまった私の悔しさ。熊さんは，のんきに子どもを授かろうとしていた私。これらがこころの中で複雑に絡み合って渦巻いていたことが，セラピーによって気づかされました。おそらくこの作業がなかったら，発狂するか，すごく暗くみじめで底意地の悪るい女になって，自身の人生や世間，そこで出会う人たちをことごとくを恨んで歩むことになったのだろうと思いました。そこで不愉快でおぞましい世界を，ここに蹴散らしてみたということです」と答えました。この語りは，中年期にいたるこれまでの多くの苦悩によるこころの可能性の断念からの離脱，これからの自分らしい人生への歩み，その宣言と覚悟が表明されたものと思われます。

　言葉の面接の最終回に志乃は，ややはにかんだ表情で「これまで言いそびれ

ていましたが，セラピーの中盤の頃に見た夢を話します。それは『すごくやつれたうつろな孤児の私が，暗い廃墟のような所で傘もささず雨の中に弱々しく，下を向いて立っていました。そして誰かわからないが自分の背後から人の温もりが伝わってくるのを感じます。同時に男性のようで警戒心をはたらかせます。でも身を任せてもいいかなとも思います。そして私は，その男性によって軽く背中から抱きとめられます。私は，声を出して泣き，涙と雨によって顔はぐしゃぐしゃになっていた』という内容です。少しばかりの間は，夢の中の男性が誰なのかわかりませんでした。しかしその男性は先生（セラピスト）だったとわかりました」と話しました。

3 ●考察

（1）中年の危機とそこからの離脱，セラピーの「展開点」と「終結箱庭」について

　志乃の作品1から作品5への印象把握とセラピストの把握は，表現のしかたが異なるものの，イメージが伝えるこころの意味世界，その多義性の理解はほぼ重なっています。そこで志乃とセラピストの併記された表題をまとめ，人生の中年の危機と，心理療法を終えるときについて考察します。

　箱庭作品は，気にかかるアイテムを構成した自己紹介から始まりました。そして目をそむけてきた自分の悪，影，怒りに直面し，希望のない孤独な私に気づき，夢に示される内なる癒す・癒されるの転移関係を支えとしながら，冷え冷えとした宇宙で絶望と孤独である自身の死を体験し，そこをくぐり抜けて行きました。また，ここでは新たないのちの動きに触れ，再生への兆候が感じ取れます。よって作品3は，セラピーの峠，展開点とよべます。

　傷心者の志乃は，自尊心の回復に向けての遅々とした旅に出ます。この旅の始まりの頃には，ほぼ主訴が消失します。そして主訴を構成していた複雑に絡まり合うこころの渦が表現され，自身の悪，影，怒りについての理解が深まります。よって作品4は，主訴とその心理的背景，セラピーの流れや方向性が明らかにするものであり，容易にセラピーの全体性を俯瞰できます。また，おさまり，一区切りついた表現，一仕事終えた作品ともいえます。さらに志乃は，「心細いが自分らしくやっていけばいいのかと思えるようになってきました」

と話しています。これらのことからこの作品を「終結箱庭」と呼ぶことができます。そしていっそう確かな自分になっていく覚悟が，旅立ちの作品として表現され，心理療法はほどよく終わりとなりました。

(2) 心理療法を終えるときについて

志乃の箱庭表現は，自己紹介に始まり，混乱と不安なこころの世界との直面，展開点とよべる死と再生の体験，複雑に絡み合ったこころの渦の検討，セラピーの全体性を俯瞰できる「終結箱庭」で，心理療法を終えるときを迎えます。こうした展開は，終えようとして終えたものではなく，志乃とセラピストによるこころのほどよい共同作業の推移の中で，必然的なものとして「心理療法を終えるとき」が，生まれてきたものといえます。

箱庭表現，夢は，表面的には混乱，無秩序，でまかせの偶然の産物と思われがちですが，これまで述べてきたように技法の枠組みを守り，注意深く慎重にイメージに関わることによって，実りある心理療法が展開していきます。そして終えるときは，「終結箱庭」の中に明確な兆候としての終えるときのイメージが生まれ，表現されてくるのです。

志乃の「旅立ち」の表題は，心理療法としての中年の危機とそこからの離脱についてのこころの作業を終えたことを告げるものです。現実の志乃のこれからの人生への旅立ちは，新たなこころの作業の始まりとなります。「終結箱庭」としての「傷心者の旅」と「旅立ち」は，とても言葉では語り尽くせない余韻の残る作品といえます。志乃の今後の無事と第二の人生の健闘を祈って，本稿を閉じます。

[亀井]

事例18
激しい破壊性と攻撃性を示した境界例の事例
――生き残ることと終結――

クライエントは過去の重要な対象（母親など）との関係性を，別の人物であるセラピストにもくり返します。そこでは，依存や愛情だけを向けるのではありません。過去の関係がそうであったように，それらを求めても受け止めても

らえないと感じたり，傷つくことによって，憎しみ，恨み，怒り，敵意といった陰性感情が生じます。陰性感情は破壊性や攻撃性となって，そのまま放置すれば，心理療法関係を破壊します。それは，再び傷ついたまま中断になってしまうことです。破壊されずにクライエントと共に「生き残ること（survive）」がセラピストの機能であり役割になります。「生き残ること」の積み重ねが心理療法の終結に繋がると思われます。

第Ⅰ部（4章3節）で提示した終結の判断基準は，かなり厳格です。その基準はあくまでも理念，理想です。実際の臨床ではさまざまな要因によって，すべての基準が満たされないことのほうが多いでしょう。しかし，「症状がなくなったし，仕事にも行くようになったし，クライエントも終わりたいと言ったから」ということで心理療法を終わらせるのではなく，それまでの心理療法過程をふり返る中で，クライエントと共に終結基準や今後の見通しについて検討すること，今後クライエント一人で自己理解を深めていく課題を明確にしながら，セラピストとの別れの悲哀を整理，体験していくことが終結期の課題になります。

次に提示する精神分析的心理療法による事例は，彼女の承諾を得て，1999年に発表したものです。ここでは，終結期だけに焦点づけるのではなく，そこにいたるまでの過程である「生き残ること」の積み重ねが終結を方向づけるという観点から論じたいと思います。

1●事例

●**クライエント**：法絵，初回面接時20代半ば（大学院生）
●**主訴**：人からの言葉に傷ついてしまう
●**家族**：両親（父親：56歳，母親：53歳），本人，きょうだい2人（2歳年上の兄と3歳年下の弟）の5人家族
●**生育歴・現病歴**：幼少時より長女として常に「よい子」を演じていました。音楽家になることが夢で，そのためのレッスンを毎日欠かすことはなかったのですが，教育熱心な両親には，将来の夢を話せないでいました。高校へ入学したとき，その夢を両親に話したところ猛反対されました。同じ頃，友人関係でつまずいたことを親と担任に相談したのですが，「そんなことより勉

強に専念しなさい」としか助言されませんでした。大学は音大をあきらめ，文科系の学部へ進学しました。大学入学後，法絵は仲違いしていた2人の友人から別々に相談され，葛藤状態に陥り，精神状態が不安定になりました。学生相談室，いくつかの病院で薬物療法やカウンセリングを受けましたが，いずれも数回で中断しています。それは法絵にとって外傷的な体験になっていました。当時，母親への激しい暴力の他，自傷行為，解離症状，「もう一人の自分から非難，脅かされる声が聞こえる」という幻聴様体験，空虚感，身体的にもストレス性胃痛など多彩な症状がありました。当院初診医の診察では，薬物は処方されず，筆者に心理療法が依頼されました。

2 ●面接経過

(1) 第1期（第1～27回：X年7月～X+1年2月）

初回面接から法絵は，前述した親や友だちとの関係で，著しく傷ついた体験とそれによる人間関係への不信感を訴えますが，それを熱心に語る態度に反映していたように対象との関係を強く希求しているようでした。それらを面接の中で検討していくことに同意して，週1回50分間，対面法での心理療法契約を結びました。最初の頃法絵は，「自分のことをわかってほしいけれど，わかりっこない」と主張して，具体的には語ろうとしませんでした。筆者はそのような態度に焦点づけ，背後にある不安や動機について検討する姿勢を心がけました。法絵は過去のセラピストにはなかった筆者の態度を肯定的に捉えながらも，筆者の疑問や理解しようと試みる質問や介入には拒絶して，両足をバタバタとさせ，大声でわめいたり，涙をぽろぽろとこぼすといった激しい興奮状態を頻繁に呈するようになりました。この時期，たびたび語られたのは，海外旅行で知り合った年輩の外国人女性から，言葉を交わさなくても初めて自分のことを全面的に理解されたという体験，その正反対の「わかったつもりになっている」ある女性への激しい批判や非難でした。また，一方的に自分の思惑や価値観を押しつけ，理不尽さに気づいても，決して非を認めない母親像を語る反面，「自分がいなくなれば崩れてしまうのではないか」という脆弱な母親像を語りました。その後，筆者に対して「他のところみたいに放り出せばいいじゃないか!!」と挑発したり，「セラピストなんかいてもいなくてもいい存在!!」と価値

をおとしめるようになりました。筆者の中では否定的な感情が激しく芽生えてきましたが，それは過去の傷ついた体験と救いのない無力感や絶望感を投げ入れられている，と自己分析することでこの局面を乗り切ることができました。そして，彼女の言動の背後にある対象関係希求性と（過去の治療者との関係のように）見捨てられ傷ついてしまう不安を解釈するように努めました。その際，母親の不注意で熱湯を浴びて泣いているのに「被害者ぶるな！」と逆に咎められた幼児期の外傷体験を回想しました。それは苦痛な記憶のため，終了時には退室を渋ったり，「感情がぶつ切りになってしまう」と訴えるのでした。

(2) 第2期（第28〜72回：X+1年3月〜X+2年3月）

法絵は自分の求めているものと筆者の理解や解釈が少しでもズレると「何もわかっていない!!」と激しく非難したり，長い沈黙後「本当にわかっているのかな!?」と疑いました。それらを明確化しようとする試みに対して「自分の思っていること，感じていること！」とだけ答えて，激しい体動でいらだちを表現しました。面接が60回を過ぎても，筆者への怒りの吐き出しや脱価値化が続きました。筆者は怒りや破壊衝動を向けられることによって，面接を拒絶し，他のセラピストを紹介したい衝動に駆られることがたびたびありましたが，それは過去のセラピストとの関係を筆者との関係でも反復しているという自覚もありました。あるとき法絵は「誰も自分のことを思ってくれない」と訴えたことから，筆者は法絵との関係を大切にしたいと伝えました。彼女は「不安定なときでも，この時間にならないと面接ができない」と不安をもらしました。しかも，母親との喧嘩を契機に行なった自傷行為を母親が見て見ぬふりをしたことから，さらに自傷行為をくり返しました。面接の中で検討していくと，これらの背景には自分を見てくれない絶望感がうかがわれ，過去の母親やセラピストとの関係では自傷行為の動機や心理的意味を不問にされ「放り出されてしまった」ことが明らかになりました。彼女の自傷行為は，筆者が彼女自身と「対峙してくれるか」「セラピストとしての機能を見失うことなく，生き残ることができるのか」を実感するためのわずかな希望を見出す悲哀に満ちた試みだったようです。筆者との関係の中では，自傷行為の背後にある心理的意味を探索しようとするはたらきかけや筆者の理解を伝えることによって，法絵は筆者との関係を放り出されることのない安定した，抱えられる体験として捉えること

(3) 第3期（第73～86回：X＋2年3～6月）

　未解決な課題が面接の中で検討されていくにつれて，家族に限局されていた人間関係は，途絶えていた友だちとの関係を復活させるなど外へ開かれたものになりました。攻撃性も言葉によるやりとりが可能になったことによって，主訴であった「言葉によって傷つく」ことがなくなり，面接が不連続で「感情がぶつ切り」になっていたのも，「今は繋がっている」と感じられ，暴力行為も自傷行為も影を潜めました。80回目の面接で法絵は，筆者との間での被害感から，「仕事をしないといけない」「地震で潰されてしまうのではないか」と連想しました。筆者はそれを「仕事をしていない罪悪感から，筆者から責められていると感じ，傷つき押し潰されそうな不安を抱いている」と理解し解釈しました。法絵は「仕事や人間関係で傷つくのを怖れ，傷ついてしまう環境を自分がつくり出してしまっていると思う」と洞察的に語りました。

(4) 第4期（第87～96回：X＋2年6～9月）

　その後，大学院での専門と関連した仕事内容のアルバイトを自分で探してきました。面接は，勤務体制を変更して継続しようと考えていた法絵でしたが，それも困難になってしまいました。そこで社会での体験は法絵にとって有意義になることを話し合い，バイトを開始して1か月後に終結することを確認し合いました。この頃，「初めは先生を信頼できるか不安だったけど，不満や怒りをぶつけても動じなかったから，信用できると感じるようになった」と攻撃性から生き残った筆者が信頼に値する対象になったことを述べました。

　94回目の面接では，再び「地震恐怖」が生じて，面接を終結することへの不安を述べましたが「終結によって筆者に依存できなくなり，まさに足元を揺るがすような不安を感じているのではないか」と伝えたところ，彼女も肯定したのでした。落ち着きを取り戻して，「最近，お菓子作りなどモノを作ることがおもしろい」「昔の泥んこ遊びと同じ」と報告しました。終結期での面接では「面接が終わっても，悩みがなくなるわけではない」「小さい頃からの親との問題，自分自身の問題や悩みが根っこで一つに繋がっていると思うようになった」など，自発的にふり返りました。最終回（96回目）の面接では「分裂した自分のイメージが，両方自分の中にあったのかもしれない」「親以外の第三者

に自分の問題を話してみることが必要だった」とこれまでの面接を自らまとめています。最後に法絵は、深々と頭を下げながら礼を述べて退室しました。

3 ● 考察

　法絵との心理療法では、心理療法目標が達成され、第Ⅰ部第4章3節であげた終結の判断基準を十分ではないにしても、ほとんど満たしていると思われます。アルバイトを開始することによって、その後の面接の継続が困難になったのですが、それが心理療法契約や筆者との転移関係に対しての阻害、つまり抵抗ではない、ということは明らかでしょう。

　一般的に終結期には、3か月くらい前に終結日を決めて、それまでの心理療法過程のふり返りや今後の課題などを取り上げるとともに、セラピストとの別れの悲哀を整理、体験することができるような方向づけを行なっています。法絵の場合には1か月しか時間が取れませんでした。それでも、法絵自身が終結を目前にひかえて、面接の中で不安や悲哀を体験したり、それまでに取り入れたものをふり返りながら、筆者との体験の意味づけを自発的かつ積極的に検討していくことができたようです。

　激しい破壊性や攻撃性を筆者との関係性の中でも吐き出していた法絵でしたが、分裂していた自己や対象が統合されて、破壊的攻撃をどんなにぶつけても、筆者から同害復讐されることも、過去のセラピストのように治療や心理療法を打ち切られることもなく、決して目を逸らされることはないという体験が積み重なっていきました。しかし筆者は、何もしないセラピストだったわけではありません。彼女の攻撃性によって、激しい逆転移感情に揺さぶられながらも、その背後にある絶望感や悲哀を読み取り、共感することを心がけていました。逆転移の自己分析を手がかりに転移関係を明らかにしようと努めました。この場合は、特に母親転移として解釈しています。このような一連のセラピストとしての役割や機能が、心理療法過程を生き残ることになるのだろうと思われます。

　終結とは各セッションごとの生き残りの積み重ねである、ということが法絵の事例から理解されることでしょう。それはセラピストの生き残りをかけた役割であり、それが終結としてやがて実を結ぶと思われます。しかし、それはあ

くまでも心理療法の終結であり，法絵自身が語ったように，面接が終わっても悩みはなくなるものではありません。人間は悩むこと，それを自分自身のものとして引き受けることで成長します。それが生き残っていることの証なのでしょう。

[北村]

事例19 乳癌の手術をひかえた女性の事例
―― 「生命(いのち)の終結」に際して ――

　Ⅰ部第4章4節の終結と技法の中で述べた「内観療法における終結」を総論だとすれば，ここでは事例報告という形で各論を述べることになります。事例として登場いただいた方々には，学会発表や研究のために自由に使ってよいという了解をあらかじめ得てあるのですが，それでもやはり，プライバシー保護のためにある程度の改変を加えたことをお断りしておきます。
　ところで，事例に入る前に，紙幅の都合で先の総論では紹介できなかった内観の治療構造について，本稿で必要な箇所の補足から始めたいと思います。

1 ● 三項目と課題連想探索法

　内観において求められるのは「自由連想」ではありません。内観ではちゃんと三項目の課題が設定されているからです。すると，それは「課題連想」なのかといわれそうですが，連想を「山から川を思い浮かべるように，一つの観念につられてそれと関連のある他の観念が出現すること」（広辞苑）と解するならば，内観で行なう内省作業は連想だけに止まらず，探索，あるいは調査 (inquiry or investigation) をも含んでいるように思われます。
　というのも，内観の場合にはまず，母親（または母親代理）に対する自分について，小学校の低学年から調べ，低学年がすんだら中学年・高学年へと進めていきます。その際に，①母に対して自分がしてもらったこと，②母に対して自分がして返したこと，③母に対して自分が迷惑をかけたこと，の三項目に沿って内省し，面接でも①②③の順序で報告することが求められているからです。

吉本伊信は内観者への心得として「検事が被告を取り調べるように自分自身をお調べ下さい」と助言して，「取り調べる」という姿勢を強調しました。
　ところが，実際に内観を体験してみると，たとえば，母に対する自分を調べていると，母から派生するいろんな連想が湧いてくるものです。けれども，内観では母から派生する連想内容にそのまま身を任せっぱなしにはしないものです。三項目に沿って調査，探索を開始しなければならないからです。その際にも③の「迷惑をかけたこと」に重点を置くことが求められているのです。そこで，筆者はこの内観独特の内省作業のしかたを「課題連想探索法」（真栄城，2005）と名づけることにしました。

2 ●罪悪感と無常観

　内観では三項目の中でも「迷惑をかけたこと」に重点が置かれているだけでなく，自分の「嘘と盗み」を徹底して調べるよう求められます。吉本伊信は，身調べの体験をとおして「罪悪感を突き詰めていくことによって無常観を味わえる」ことを悟ったようですが，「その二つがうまく伴走してくれることがよい」と述べており，罪悪感と無常観を内観のキーワードに指名しました。そして，内観は「死をとり詰めて行なうもの」とまで言い切っているのです。
　そこで，本事例では「死と直面した事例」を取り上げて，本書のメインテーマでもある「終結」について述べてみたいと思います。

3 ●事例

　かつて筆者は，およそ24年間，病院臨床の中に内観を導入して，アルコール依存症とその家族に対してはもとより，神経症や心身症やターミナルケアの一助として癌を宣告された患者への内観も引き受けてきました。
　そこで，ここでは病院時代の事例を取り上げることにしました。
●**クライエント**：房子，48歳
●**主訴**：死（乳癌）への不安
●**家族**：夫，舅，姑，4人の子ども（小学生から高校生）
●**生育歴・現病歴**：特になし。子どもの頃から活発で健康。

（1）事例と出会った経緯

ある日の午後，筆者の勤めていた病院に一本の電話が入りました。相手は中年の女性です。「乳癌と診断されて手術のために入院しているのですが，手術の日までに1週間以上もあります。不安のまま入院しているよりも，その間にそちらの病院で内観を受けたいのですが，いいでしょうか？」という問い合わせでした。彼女が入院している病院は都会にある大規模な病院のようでした。

おそらく，患者さんも多く，手術を待機している間にいろいろ考えてしまい，不安になったものと思われます。内観は知り合いの精神科医にすすめられたとのことで，そのことを主治医に話したところ，すぐに了解してくれたというのです。そうして，電話の翌々日には主治医の紹介状を持参して，筆者の勤める病院を受診されたのです。

（2）房子について

もとより房子は仮名です。乳房に癌を発症したのでそう名づけました。そもそも「房」は「花や実などが一茎に沢山長くむらがり生じたもの」（広辞苑）だということを知ると，彼女にピッタリの名前のように思われました。というのも，彼女もまたその名が示すとおりに「花や実」をどう付けるかという課題に直面していたからです。母親，妻，嫁というだけでなくキャリアウーマンとして日常生活に追われてきた房子は，癌を告知されたことによって考え込んでしまいました。手術ができる状態なので決して末期というわけではないはずですが，房子にすれば「癌」と聞いただけで「死」を連想したようです。「私も死ぬかもしれない。私の人生はこれでよかったんだろうか」と思ったとき，「自分は何のために生まれてきたのか」という気持ちが湧き起こってきました。それが内観にやってきた理由のひとつでもありました。

4 ●内観面接の経過

村瀬孝雄は1週間の内観過程には起承転結があることに注目し，恣意的になることを自覚しつつ，体験過程を4段階にして示しました（村瀬，1997）。つまり，「導入・模索期，始動・抵抗期，洞察・展開期，定着・終結期」という経過をたどるという指摘ですが，房子の場合もそれがうまく当てはまるように思われました。

(1) 導入・模索期（初日～2日目）

内観療法室は和室の6畳間です。部屋の四隅のどこに屏風を立てるかについては、内観者の自由にしています。そうすることで内観者の心境が伝わってくるからです。たとえば、どの位置に屏風を立てたのか、いったん立てた屏風が移動されることはなかったか、もし移動があれば、どういう理由で移動されたのか、などを見ていれば、そのときの内観者の心理状態がわかることがあります。初日の房子は、外の景色が見える窓側に屏風を立てました。「そこが一番明るいから」というのがその理由でした。自分から希望して内観に来たとはいうものの、やはり屏風の中に籠ってみて息苦しさを感じたのでしょう。これも一種の抵抗だといえるのですが、房子は、翌朝には思い直して、屏風を移動しています。「外の声が気になって集中できないから」という理由をあげていましたが、2日目には内観に取り組む姿勢になったようです。

(2) 始動・抵抗期（3～4日目）

抵抗というのは不思議なものです。やる気になったときに発生するからです。房子の場合もそうでした。一番暗い場所に屏風を移して内観が始動したとき、「乳癌のことが気になって集中できません」と言い出したのです。

しかし、そこは内観（work through）を続けてもらうしかありません。面接者は「今は乳癌のことは棚上げにしておいてひたすら三項目に沿って調べてください」と言うだけでした。この抵抗期は内観者には本当につらい時期ですが、面接者にとっても我慢のときなのです。面接者にできることといえば、せいぜい面接の間隔を短縮して面接回数を増やすことでした。そこで、ふつうは2時間おきの面接になるのですが、約1時間～1時間半おきに面接を行なうことにしました。内観研修所では午前5時起床で、まず、朝の最初の面接は5時半に開始されますが、病院では6時起床で最初の面接は6時半開始になります。ただし、消灯時間は、研修所と同じ21時でした。3日目の抵抗期にはなんと一日に11回の面接を数えてしまい、その日の最終面接も消灯時間ぎりぎりに終えるという始末でした。もとより、セラピストの仕事は内観面接だけでなく、外来や入院中のクライエントのカウンセリングを行ないながら、その合間を縫って内観室に赴くことになります。

ところで、4日目の午前中は、精神科の外来が混み合っていました。内観面

接中に精神科から新患の心理面接の依頼が出たようで，院内放送による面接者の呼び出しがありました。それを察知した房子が「先生もお忙しいようですから，面接へ来ていただくのは2時間おきでいいですよ」と気遣いを示してくれたので，その日の午後からは，2時間おきの内観面接になりました。

(3) 洞察・展開期 (5〜6日目)

しばしば洞察は，意味のある偶然の出来事によってもたらされることがあります。ユングはそれを共時性（河合，1986）と名づけたようですが，房子の内観中にもそれと思われる事態が発生したのです。房子が屏風の中で夫に対する内観をしているとき，面接者は外来でカウンセリングの最中でした。相手は毎週，夫婦で来てカウンセリングを受けていた初老のカップルでしたが，その日は出掛けに夫婦喧嘩をしたらしく，妻だけのカウンセリングになってしまいました。暑い炎天下をバス停から一人歩いてきたらしく，汗を拭きながらカウンセリングルームに入ってきました。そして，開口一番に「先生，聞いてくださいよ，うちの人ったら…」と夫への怒りを爆発させたのでした。10分くらいは話したでしょうか，突然，口が止まったと思ったら，カクンと上半身を折るように軽い痙攣を起こし，そのまま倒れ込んでしまったのです。すぐに内科の医師と看護師が駆けつけて人工呼吸を施す一方で，近くの救急病院へ搬送する手配をしました。そして，面接者も内科医と一緒にクライエントに同行しました。そこは，他にも担ぎ込まれた急患がいて医師と看護師がその対応に追われていました。慌しい雰囲気の中で聞かされた担当医の説明は，「脳出血があるようですね。おそらく高血圧性のものだと思いますが，今日，明日が山場でしょう」とのことで，実際，その方は房子の内観終了と前後して亡くなってしまいました。

そんなわけで，面接者が房子の屏風を訪れたときには3時間が経っていました。「急患のために面接に来るのが遅くなりました」と言う面接者の声は上ずり，おそらく顔面は血色を失っていたものと思われます。房子は心配そうに「何かあったのですか？」と訊いてきました。それには，「いえ，ちょっと…」と言葉を濁したのですが，何かを察知したのでしょう，「誰か亡くなったのですか？」とさらに訊いてきたのには，さすがに面食らってしまい，これ以上とぼけ続けるわけにもいかず，ことのあらましを説明せざるを得ませんでした。

そして，その出来事を聞いた後，房子の抵抗は一気に吹き飛んでしまったのか，真剣な面持ちに変わったのです。「その方は私の代わりに死んだのかもしれません。死が身近になりました」と言いつつ，「もし，私が明日，死ぬということになれば，これまで家族にかけた迷惑をどう償えばよいのかわかりません」と述べ，堰を切ったように涙を溢れさせたのです。

5 ●考察

「内観は死を取りつめて行うものだ」と説いたのは，吉本伊信です。

吉本は無常観の観取が内観の真髄であるとしましたが，その無常観は罪悪感と表裏をなすものであり，どちらが後先ということではなく，セットになったものであり，両者はお互いに伴走しあうものだ，という解説を付しています。

本事例の房子が洞察・展開期にきて述べた言葉は，吉本伊信が指摘したとおりの内容でした。まさに，無常観と罪悪感がセットになっていたからです。共時性に導かれて死と直面した房子は「死が身近になりました」と語った後，家族，とりわけ夫とその両親への罪悪感を吐露したのです。具体的には「仕事のため」と言っては家を空け，子どもたちの世話を夫と両親に任せてきたことが房子の脳裏に浮かび，胸を締めつけたのです。結婚後しばらくは家庭の中にいた房子でしたが，ずっと気持ちは外へ向かっていました。そして，念願の専門職に就いた頃からほとんど家にいる時間がなくなっていたのです。そんな房子が乳癌に襲われて，内観を知りました。内観で自分自身をふり返ったとき，罪悪感が湧出。そのとき，他者の死に遭遇したというわけです。意味ある偶然の出来事は，房子に無常観と罪悪感をもたらして，家族の愛に気づかせてくれたのです。

「自分にとって仕事は大切ですが，それを支えてくれたのは家族の愛でした」
房子の言葉が印象に残ります。もとより，不安も消失してしまいました。

[真栄城]

事例20 職場の人間関係を契機にうつ病になった事例と「ふつうの暮らしがしたい」と訴える女子学生の事例

1 ● 事例1

- **クライエント**：真理，初回面接時32歳
- **主訴**：身体がしんどい，気分が落ち込む。診断はうつ病
- **現病歴**：真理は2年ほど前から仕事量が増え，疲れがちな日々を送っていました。そして約1年前から信じられないような単純ミスを何度かくり返し，そのたびに上司からひどい言葉をあびせられました。その後，気分のひどい落ち込みを主訴に病院を受診したところ，うつ病と診断され，休職することになりました。そして真理は，「仕事を続けたいが，このままではくり返しになるのでは」と悩み，筆者のもとを訪れたのです。

2 ● 面接経過

(1) 第1回（X年6月2日）——自分が弱くないと思える

真理は，「上司は怒るとき，怒鳴ったり物に当たったりするので，恐くて話ができない。でも傷つく自分が悪いと思う。上司のことは嫌いではないので，避けないようにと思うが，つい恐くて避けてしまう」と述べ，治療目標については，「自分が傷つかないで耐えられるようになりたい，聞き流すことができればと思う」と述べました。筆者が，「聞き流すためには何が必要でしょうか」と聞くと，真理は「『自分は仕事ができないから』がだめ，『弱いから』がだめ，上司の言うことはすべて正しい，と考えてしまう」と述べました。そこで筆者は，これまでのミスは単純なミスで，現在はミスをしていないこと，以前は問題なく仕事に取り組めていたことを取り上げ，認識転換を試みました。また，「これだけのことを言われてしんどくなるのはあたりまえで，真理さんは決して弱くない」との意味づけを行ないました。すると，真理は「周りから『弱い

からだと』言われて，ずっと強くならなきゃいけないと自分を追い込んでいた」と涙ながらに話しました。

(2) 第2回（X年6月11日）——自分の怒りを表出できる

真理は，「体調はよくなっている。前回先生から突っ込んだ質問をされ，なかなか答えられなかったので，一度自分の気持ちをノートにまとめてみた。するとなんとなく気持ちの整理がつき，一段落した気分だ」と報告しました。一方で，「復帰を考えると，上司が恐くてたまらない」とも述べましたので，筆者が，「何が恐いのですか」と尋ねますと，真理は「えっ!? 何でだろう」としばらく考えた後，「嫌われたくないからかな？」と返答しました。そこで，筆者が，「すでに嫌われているので，これ以上は嫌われないと思う」と述べると，真理は「そう考えると楽ですね」と答えました。

その後，「関係をよくしていこうと我慢しているが，上司は子どもっぽくて感情的で，好き嫌いが激しく，必ずいじめる標的を決めている人で，本当は大嫌い。嫌いなのに笑顔で対応しなければならなかったことがつらかった」と真理は涙を流しながら話しました。筆者が，「真理さんは，上司の言葉をすべて意味のある言葉として正面から受けとめていますね」と指摘すると，真理は「なんてもったいない（不要な）ことをしていたのか」と感嘆し，上司が自分をくず扱いしていることへの腹立ちとともに，「自分は怒りへの感受性が乏しく，これまでも怒りを外に出せずにきたと思う。上司と関係修復ができなくても，何を言われても元気に動けるようになりたい」と述べました。筆者は，「上司の言葉はすでに意味のない言葉です。ただスピーカーから流れている音だ，というような捉え方ができればいいですね」と助言をしました。

(3) 第3回（X年6月22日）——恐さへの対応を考える

真理は「怒鳴られたことで人間として尊重されていない不快さを感じた。ただ，それでもまだ恐い感じが残っている。我慢が続いたためにつらい気持ちが固まったのだと思う。それをうまく捨てることができたらいいのだが」と述べました。筆者が「上司がまともな人ではないと思えるのですね」と確認すると，真理は「そうですが，たぶん身体にしみついた感覚のように思う。それを減少できればと思う」と答えました。

そこで，筆者が「上司が恐くないと実際に言葉に出したり，上司の似顔絵に

粘土をぶつけるなど，気持ちを吐き出すことが効果的ですよ」と提案すると，真理は「たしかに今まで日記にさえも悪いことを書かずに溜め込んでいた。もともと気を遣うほうだから，そのへんの工夫をしてみたい」と述べました。

(4) 第4回（X年7月5日）――恐さを克服する

真理は「職場に復帰した。自分が恐がる理由はなく，むしろ上司に対して不快に感じていることを認識できた」と述べました。また，「自宅で一人のときに声を出して気持ちを吐き出し，随分気持ちが楽になった。現実場面でもそれができるようになればと思う。上司の動きを価値のあるものと見なくてすむようになり，上司の言葉もかなり聞き流せるようになった」と述べました。筆者が今後の面接について尋ねると，真理は「大丈夫だと思う」といい，面接は終結となりました。

3 ●事例2

●**クライエント**：律子，初回面接時21歳（大学3年生）
●**主訴**：ふつうの暮らしがしたい

4 ●面接経過

(1) 第1回（X年5月7日）――自分はおかしくないと思える

律子は，「生活がすさんでいて，大学を留年してしまった。自分はアルコール依存か，薬物（安定剤）依存か，食べては吐きをくり返している状態にある。それに，薬物中毒者や暴力的な人や借金に追いまくられている人などおかしな男性とばかりつき合っている」と述べました。また，「母親は宗教にのめり込んでいて，兄も精神科に通院中で服薬している。父親は世間体を気にするばかりで何もしようとはしない。親戚も病気の人が多いし，おかしな人ばかりだ。ふつうの人と同じきちんとした生活がしたい。これまでは逃げていたけど何とかしたいと思ってここに来た」と訴えました。

まず筆者は，たいへんひどい状況であったにもかかわらず，大学に通うなどこれまできちんとやってきていること，自分を正面から見つめることができるようになっていることの2点を取り上げ，律子をほめました。また，自己破壊的な行動に対しては，「私は人間一人ひとりが大事だと思っているので，とに

かく壊れなかったことはよかった。そして，壊れなかったということは，あなたが健全な部分をもっている証拠だ」と述べると，律子は涙を流しました。そして，規則正しい生活ができ，酒，薬物に依存しないで，ふつうに食事ができることを目標とすることになりました。

(2) 第2回以降（第2～6回：X年5月11日～6月30日）――問題がすべてなくなる

第2回面接で律子は，「生活は落ち着いている。自分自身が寂しかったことがそうした行動に走らせたのだろう。酒への依存に関しては地獄を見たのでやめた」と述べました。第3回面接では，「両親のことは切り離し，自分の人生は自分の責任だと思うようになった」と報告し，第4回面接では，「飲酒問題は落ち着いた。両親に対して直接文句を言うことができるようになった」と述べました。第5回面接では，「薬をやめた。ふつうの人もそれなりにたいへんなことがわかった。親のことはもういいと思える」と話しました。そして，第6回面接では，「すごくゆっくりと生活をしている。すべての問題がなくなった」と述べました。

そこで，筆者のほうから「今後の面接はどうしましょうか」と尋ねたところ，律子は「私はここに来て語ることで気持ちを楽にすることができていたのに，そのようなことを言われてショックを受けた」と述べて，それ以後，来所しなくなりました。

5 ●考察

事例1は成功例，事例2は失敗例になると思われますが，その違いを論じ，終結について考察したいと思います。

ヘイリー（Haley，1976）は，「心理療法が適切に終結するためには，適切に開始されなければならない」と，初回面接の重要性を強調していますが，ブリーフセラピーにおいて終結時期を決めるために必要な具体的な目標設定は，どちらの事例でもできています。また，セラピストの言葉に対してどちらも涙を流しており，ここで信頼関係がつくられたと考えられます。しかしながら，事例1では，セラピストによって「弱くない」と意味づけられ，そのつらい気持ちをおろすことができたと思われます。事例1のクライエントの真理はおそ

らくは本来自分ではそこまで弱いとは思っていなかったと考えられますので，その意味づけが，自己への信頼を取り戻す契機にもなっていると思われます。これは同時に，真理の認識転換にも役立っています。

　一方，事例2では，主訴が「ふつうになりたい」ということでしたから，「状況はたいへんであるが自分は健全である」というフレームをクライエントが受け入れられるようにすることをめざしました。認識転換を狙ったという意味では，真理の場合と同じですが，律子の涙は，セラピストのそうしたアプローチに対する反応というよりも，「人間一人の存在として大切に思う」とのセラピストの姿勢に対する反応だと思われます。

　その後の面接の進展については，真理の場合は，自分の力を再認識できて主体的に問題に取り組むことができるようになり，セラピストの助言はそれを促進するはたらきをしており，真理はブリーフセラピーが最も狙いとする自己の能力を発現できる形へと変化しています。律子の場合は，セラピストは基本的に初回面接で行なった対応を続けていただけですが，律子はセラピストに受け入れてもらえたという安心感によって，よりよい方向に変化することができていったと考えられます。

　上述したように，真理の変化を支えたものは創意工夫の力の発現と自己への信頼であり，律子の変化を支えたものはセラピストに受けとめられていると感じられていることだと思われます。したがって，真理は目標が達成された段階で，十分終結できる状態にあったのですが，律子の場合は目標が達成されても，まだ支持が必要な状態であったのではないかと思われます。

　以上から，終結を成功に導くためには，単によい変化が起こっているだけではなく，いかにクライエントが自己の能力を発現できる状態になっているかが鍵になります。そして初回面接においては，その進め方とともに，そこで形づくられた治療の方向性を把握することが重要だと思われます。　　　　　[村上]

第Ⅱ部　終結の事例

事例21　「自己覚醒」により引きこもりを脱した青年期男性の訪問面接事例

　ここでは，約6年間（15〜20歳）の「引きこもり」の時期を経て，新しい生き方を発見していった青年との約4年間にわたる訪問面接事例の過程を提示し，その終結にあたっての一つのメルクマールとなった「自己覚醒」を中心に考察していきたいと思います。

1●事例

●**クライエント**：二郎，初回面接時17歳
●**主訴**：不登校の状態にあり，強迫的行動（手洗い・シャワーなど），視線恐怖（外出したとき，知らない人の視線が過度に気になる），偏食（肉類を一切口にしない），家への引きこもりなど
●**家族**：両親，本人，弟の4人家族。父親（54歳）は公務員であり，家庭にも仕事にも順風満帆な人生を歩んできたと思っていたが，二郎の不登校にショックを受け，なんとか二郎と関わろうとしていました。母親（45歳）は専業主婦であり，「息子の不登校は原因がわからないし，原因がわからなければ対処のしようがない」と語っていました。弟（15歳）は明朗快活な感じの中学2年生です。
●**生育歴・現病歴**：両親待望の長男として誕生。乳幼児期から小学校5年生までは手のかからないよい子でした。小学校時代は，親しい友人は数名いましたが，自ら友だちを求めることはありませんでした。小学校6年生になり，私立中学受験を両親からすすめられ，学習塾に通い始めましたが，数か月でやめました。しかし，中学受験は志望校を親に一方的に決められたうえに合格してしまいました。中学1，2年は，どうにか進学校であるその中学についていこうとしましたが，特に高校受験へのプレッシャーが高まった3年生の10月頃から，朝，腹痛が起き，学校へ行けなくなりました。その後，進学

の意欲もないままに，親からすすめられたある専門学校・高等課程への入学を決意しました。その反面，入学が決まると，「どうにか心機一転やり直そう」「今までのマイナスを一気にプラスにしよう」と思い，意気込んで入学式に臨みます。しかし，結局，入学式を含めて2，3日登校しただけで，家に引きこもるようになりました。

訪問面接までの経緯：X年1月，二郎の母より筆者の勤務していた教育相談室に「相談申し込み」があり，母とインテークを含めて3回の面接を行ないました。その後，両親からの要請があり，二郎の了承も取ったうえで，X年2月から訪問面接を開始しました。

2 ●面接経過

X年2月からX＋4年2月までの約4年間に94回にわたる面接を行ないました。面接の大半はクライエント宅の1階（二郎の自室は2階）の応接間（音楽演奏用防音設備つき）で行ないましたが，時どきクライエントの要望で喫茶店で面接をすることがありました。また，面接終結までの1年間はフォローアップとして月1回程度，電話面接を行ないました。

(1) 第1期（毎週1回の訪問面接・第1〜44回：X年2〜12月）――訪問面接の開始

訪問面接が開始されると，クライエントの内面に「自分を理解してほしいのに理解されない」「人と関わりたいが関われない」「自分らしく生活していきたいができない」という意識があるように感じられました。このようなクライエントの姿は，どうにかその状況から抜け出したいが抜け出せず，力尽き，引きこもっている自縄自縛の状態のように筆者には感じられました。

(2) 第2期（第45〜68回：X＋1年1〜12月）――セラピストの突然の身体の不調からの面接中断，そして面接再開

第2期の初めに筆者は過敏性腸症候群に罹り，筆者のほうが2か月間「引きこもってる」ような状態が続きました。これはクライエントの「引きこもり」を筆者自身の身体で体験しているようでした。筆者が患者として治療の対象となり苦しい日々を送ったこと，それに対して精一杯の共感を寄せてくれたクライエントの姿から，その後，クライエントに「さらに了解的に，ゆっくりとア

プローチしていこう」とこころから思えるようになりました。

　その後訪問面接を再開したところ，クライエントの希望で，筆者の勤務先からさほど遠くない駅の近くの喫茶店で面接をするようになりました。これはあたかも二郎のほうから筆者を気づかい「訪問」してくれているような感じでした。しかし，二郎は外で会うのが苦痛そうでしたので，話し合いの後，第56回から再び訪問面接の形に戻しました。

　そこから二郎が得意な将棋を筆者が生徒になって習っていくことを始めました。それまでの筆者（セラピスト＝主体）・二郎（クライエント＝客体）の関係が逆転して，二郎（将棋の先生＝主体）・筆者（将棋を習っている人＝客体）の関係になりました。そして将棋を面接の媒介として用いることによってクライエント自身の守りが確保されながら，筆者とある距離をもって相互主体的対人関係を結べるようになっていきました。

　さらに二郎は以前と比べて格段に自分のこと（主観的事実）を感情を交えて語るようになり，それを筆者は了解的姿勢で聴いていきました。クライエント自身の主体的力によって，しだいに過去の出来事や両親との関係への意味づけが変化し，ひいては「させられ感」が減少していきました。また，現実生活においても二郎は週1回の中国語サークルに主体的に通いだし，外へ出たときの視線恐怖も緩和していきました。

(3) 第3期（月1回の訪問面接・第69〜80回：X＋2年1〜12月）——クライエントの肉嫌いをめぐって：自己・他者・宇宙について

　第2期の終わりから第3期の初めの頃は，クライエントの夢が連続的に語られましたが，それはあたかも二郎の過去と将来を予見させる内容でした。つまり「適度な依存を残しながらの親からの心理的自立」「内的な女性性を殺さずに遂げようとする男性性の獲得」などの内的な意味が潜んでいるような感じでした。また第3期では，クライエントの肉嫌い（菜食）をめぐって，さらに「自分とは，人間とは」「人との関わり」「視線恐怖」「宇宙への興味」などのトピックスが，二郎の「引きこもらざるえなかった状況」の象徴的表現として非常にうまくひとつのドラマとして面接の中で織り合っていました。

　その間，筆者はドラマの主人公であるクライエントの動きを妨げないようにその場を設定するだけの者としてドラマの背景に退き，二郎のドラマを共感的

に追体験しようとする「了解する人」の立場を貫きました。そして二郎自身は日常の時空間を超えて自らの内的世界と向き合い，自らのドラマを生きることに深く関与することによって，内的成熟の過程を歩んでいきました。また，並行して生活リズムが夜型から朝型になり外出の範囲も広がり，車の免許取得により，適度な有能感を再確認しました。これらはさらに外界に挑戦していく勇気を二郎に与えていったと思われます。

(4) 第4期（月1回程度の電話によるファローアップ・第81～94回：X＋3年1月～X＋4年2月）——クライエントの新しい生き方の発見

第4期は，約6年間の引きこもりからクライエントが真に脱していくプロセスでした。この期間の後半では二郎の将来の夢が語られました。それと同時に筆者側には「今後もセラピストとしてクライエントと共に歩む」という姿勢が，しっかりとこころの深いところに根づいていきました。

3 ●考察

自己覚醒とは，自分という存在に目覚め，どう生きるかを自覚する作用のことをいいます。本事例では，そのクライエントの自己覚醒はクライエントとセラピストとの「人格的交わり」から生じていますが，それは互いが「自分自身と真に出会う」過程でもありました。つまり，自己覚醒はクライエントのみならず，セラピストにも生じていたのです。

面接過程からいえば，自己覚醒は，カウンセリングの場において「聖と俗」が織り交ざったドラマに，クライエント・セラピストが共に深く関与することが契機となり生じています。そのドラマに深く参入することは，自己・他者・宇宙，その他この世界に存在するものはすべて「ひとつながり」になっており，そして互いに関係していることへの気づき，すなわちスピリチュアルに覚醒することに繋がります。

しかし，その一方で，そのドラマに過度に引き込まれてしまうのも危険であり，現実に戻ってくるプロセスが必要でした。それが，電話で月1回1年あまりにわたって続けられた第4期の相談でした。面接全体からいえば，セラピストとの関係性が深まるにつれ，クライエントは自分も他者も徐々に肯定できるようになり，その後，クライエントは主体的に新しい生き方を模索し始めまし

た。

　この事例をとおして，かけがえのない「他者」であるクライエントと「真に向き合い」，セラピスト自身が「最も小さき者」として，その内に苦悩を抱えながらも主体的に生き，精一杯クライエントの成長可能性を信じて，お互いの主観を開示し合いながら，「共に歩む」姿勢の重要性に再び気づきました。「自己覚醒」や「スピリチュアリティの覚醒」を含む「善く生きる」ことへの覚醒は，その人のこころに独自の世界をつくり上げる，徹底した個別の世界です。つまり，キリスト教カウンセリングとは，その個別性の追究，人間一人ひとりの「生きられる世界」へのアプローチであるとも考えられます。

　キリスト教カウンセリングにおいて，クライエント一人ひとりの「生きられる世界」にアプローチする際，最も大事な姿勢は「同行（どうぎょう）」です。同行とは，クライエントとセラピストが互いに主観を開示し合い，真理に向かって人生修行を積み重ねていくことをさしますが，キリスト教カウンセリングおいては，「善く生きる」ことに覚醒するプロセスを歩み始めることこそがの面接終結の一つの目安となるのです。　　　　　　　　　　　　［鶴田］

▶▶引用・参考文献◀◀

I部

第1章

●1節
東山紘久（1998）心理療法における終結について．京都大学教育学部紀要，44；53-64．
星野良一（2002）失敗を活かす．In：丹治光浩編：失敗から学ぶ心理臨床．星和書店，pp. 9-11．
河合隼雄（1992）心理療法序説．岩波書店．
岡野憲一郎（2002）「自然流」精神療法のすすめ─治療の終結．プシコ，3(6)；60-69．
丹治光浩（2003）治療の終結に関する調査研究─円満終結群と中断群の比較を通して．日本心理臨床学会第22回大会発表論文集，229．

●3節
Freud, S. (1937) *Die Endliche und die Unendliche Analyse*. Internationale Zeitschrift für Psychoanalyse, Band 23. （馬場謙一訳（1970）終りある分析と終りなき分析．In：井村恒郎，小此木啓吾他訳：自我論・不安本能論〈フロイト著作集第6巻〉．人文書院，pp. 377-413．）
河合隼雄（1970）カウンセリングの実際問題．誠信書房．
河合隼雄（1992）心理療法序説．岩波書店．

●4節
馬場禮子（1999）精神分析的心理療法の実践．クライエントに出会う前に．岩崎学術出版社．
村瀬嘉代子，青木省三（2000）心理療法の基本─日常臨床のための提言．金剛出版．
鑪幹八郎，名島潤慈編（1983）心理臨床家の手引．誠信書房．

●5節
神田橋條治（1992）治療のこころ巻1─対話するふたり．花クリニック神田橋研究会．
小此木啓吾（1979）対象喪失─悲しむということ．中公新書．
Strean, H. S. (1993) *Resolving Counterresistances in Psychotherapy*. Brunner Mazel.（遠藤裕乃，高沢昇訳（2000）逆抵抗─心理療法家のつまずきとその解決．金剛出版．）

第2章

●1節
Epston, D., & White, M. (1992) A Proposal for a Reauthoring Therapy : Rose's revisioning of her life and a commentary. In : McNamee, S. & Gergen, K. J. : *Therapy as Social Construction*. Sage Publications.（野口裕二，野村直樹訳（1997）書きかえ療法─人生というストーリーの再著述．In：野口裕二，野村直樹：ナラティヴ・セラピー─社会構成主義の実践．金剛出版，pp. 139-182．）
河合隼雄（2001）心理療法における「物語」の意味．精神療法，27(1)；3-7．

●3節
東山紘久（2002）心理療法と臨床心理行為．創元社，p. 147．
河合隼雄（1970）カウンセリングの実際問題．誠信書房，p. 168．
河合隼雄（1992a）心理療法序説．岩波書店．
河合隼雄（1992b）心理療法の過程．In：河合隼雄監修：心理療法〈臨床心理学第3巻〉．創元社，p. 175．
倉光修（1995）臨床心理学〈現代心理学入門5〉．岩波書店．
松島恭子（2004）臨床実践からみるライフサイクルの心理療法．創元社．
長井進（1997）カウンセリング概論．ナカニシヤ出版．
小川捷之，横山博（1998）心理療法の治療関係〈心理臨床の実際第6巻〉．金子書房．
Zaro, J. S., Barch, R., Nedelman, D. J., & Dreiblatt, I. S. (1977) *A guide for beginning psychotherapists*. Cambridge University Press.（森野礼一，倉光修訳（1987）心理療法入門─初心者のためのガイド．誠信書房．）

● 4節

Freud, S.（1937）*Die Endliche und die Unendliche Analyse*. Internationale Zeitschrift für Psychoanalyse, Band 23.（馬場謙一訳（1970）終りある分析と終りなき分析．In：井村恒郎，小此木啓吾他訳：自我論・不安本能論〈フロイト著作集第6巻〉．人文書院，pp. 377-413.）

Jung, C. G.（1968）*Analytical psychology : its theory and practice*. Routledge & Kegan Paul.（小川捷之訳（1976）分析心理学．みすず書房．

河合隼雄（1967）ユング心理学入門．培風館，pp. 181-189.

なだいなだ（1966）アルコール中毒．紀伊國屋書店，pp. 43-44.

齋藤学（1985）アルコール依存症の精神病理．金剛出版，pp. 3-4.

三和啓二（1992）アルコール依存．In：安香宏，小川捷之，空井健三編集：適応障害の心理臨床〈臨床心理学大系第10巻〉．金子書房，pp. 253-275.

● 5節

飽田典子（1999）遊戯法—子どもの心理臨床入門．新曜社.

伊藤良子（1992）心理療法過程と治療的変化の諸相．In：氏原寛，小川捷之，東山紘久，村瀬孝雄，山中康裕編：心理臨床大事典．培風館，pp. 182-187.

東山弘子（1992）遊戯療法．In：氏原寛，小川捷之，東山紘久，村瀬孝雄，山中康裕編：心理臨床大事典．培風館，pp. 370-372.

Weiner, I. B.（1975）*Principles of Psychotherapy*. John Wiley & Sons.（秋谷たつ子，小川俊樹，中村伸一訳（1984）心理療法の諸原則（下）．星和書店．）

● 6節

吉田敬子（2000）母子と家族への援助—妊娠と出産の精神医学．金剛出版．

第3章
● 1節

弘中正美（2003）遊戯療法．In：田嶌誠一編：臨床心理面接技法2〈臨床心理学全書9〉．誠信書房，pp. 1-54.

高橋脩（2003）乳幼児期の自閉症療育の基本．そだちの科学，1；27-33.

十一元三（2003）自閉症の治療・療育研究最前線．そだちの科学，1；17-26.

● 2節

河合隼雄（2003）臨床心理学ノート．金剛出版．

村瀬嘉代子（1995）子どもと大人の心の架け橋—心理療法の原則と過程．金剛出版．

● 3節

Aptekar, H. H.（1955）*The dynamics of casework and counseling*. Houghton Mifflin.（坪上宏訳（1964）ケースワークとカウンセリング．誠信書房．）

藤岡新治（1997）学生相談における相談構造についての一考察．学生相談研究，18(2)；68-75.

松木邦裕（2004）終結を巡る論考．心理臨床学研究，22(5)；499-510.

元永拓郎（2003）学校心理臨床における「相談構造」試論—「治療構造」との比較検討　帝京大学心理学紀要，7；27-42.

鶴田和美（1995）学生相談における時間の意味—卒業期事例についての検討．心理臨床学研究，12；297-307.

山木允子（1990）大学学生相談における精神療法．In：岩崎徹也他編：治療構造論．岩崎学術出版社，pp. 490-505.

渡部未沙（2001）学生相談における長期休暇の意味．学生相談研究，22；239-249.

● 4節

藤田美枝子（1998）施設入所中に児童相談所への通所治療を試みた被虐待児の一例．心理臨床学研究，16；70-81.

Gil, E.（1991）*The Healing Power of Play : Working with Abused Children*. The Guilford Press.（西澤哲訳（1997）虐待を受けた子どものプレイセラピー．誠信書房．）

廣藤稚子（2002）子どもへの心理療法の実践——施設での導入に際して．In：竹中哲夫,長谷川眞人，浅倉恵一，喜多一憲編：子ども虐待と援助．ミネルヴァ書房，pp. 74-82.

増沢高（1999）遊戯療法と守り．現代のエスプリ，389；156-167.

増沢高（2002）チームワークによる援助．In：竹中哲夫，長谷川眞人，浅倉恵一，喜多一憲編：子ども虐待と援助．ミネルヴァ書房，pp. 83-97.

松尾正澄，山上雅子（1998）自己の歴史性と共同記憶．京都国際社会福祉センター紀要　発達・療育研究，14；

17-30.
西澤哲（1994）子どもの虐待．誠信書房．
奥山真紀子（1997）被虐待児の治療とケア．臨床精神医学，26；19-26．
坪井裕子（2004）ネグレクトされた女児のプレイセラピー――ネグレクト状況の再現と育ち直し．心理臨床学研究，22；12-22．
山上雅子（2001）不適切な養育と子どもの心理的不適応――養護施設での実態調査．京都女子大学大学院文学研究科教育学専攻 教育学・心理学論叢，175-192．

第4章
●1節

飽田典子（1999）遊戯法――子どもの心理臨床入門．新曜社．
Axline, V. M. (1947) *Play Therapy : The Inner Dynamics of Childhood*. Hougton Mifflin.（小林春生訳（1972）遊戯療法．岩崎学術出版社．）
東山弘子（2004）遊戯療法．In：氏原寛，亀口憲治，成田善弘，東山紘久，山中康裕編：心理臨床大事典（改訂版）．培風館，pp. 384-386．
弘中正美（2003）遊戯療法．In：田嶌誠一編：臨床心理面接技法2〈臨床心理学全書第9巻〉．誠信書房，pp. 2-54．
伊藤良子（2004）遊戯療法．In：氏原寛，亀口憲治，成田善弘，東山紘久，山中康裕編：心理臨床大事典（改訂版）．培風館，pp. 200-204．
北村圭三（1992）遊戯療法．In：河合隼雄，岡田康伸監修，田畑治，東山紘久編：心理療法〈臨床心理学第3巻〉．創元社，pp. 80-93．
高野清純（1988）プレイセラピー．日本文化科学社，pp. 119-121．

●2節

河合隼雄（1992）心理療法序説．岩波書店．

●3節

Fenichel, O. (1941) *Problems of Psychoanalytic Technique*. Psychoanalytic Quarterly.（安岡誉訳（1988）精神分析技法の基本問題．金剛出版．）
Freud, S. (1937) *Die Endliche und die Unendliche Analyse*. Internationale Zeitschrift für Psychoanalyse, Band 23.（馬場謙一訳（1970）終りある分析と終りなき分析．In：井村恒郎，小此木啓吾他訳：自我論・不安本能論〈フロイト著作集第6巻〉．人文書院，pp. 377-413．）
北村晃一（1999）激しい攻撃性から生き残ること――「対象と関係すること」から「対象の使用」へ．日本心理臨床学会第18回大会発表論文集，310-311．
Langs. R. (1973/1974) *The Technique of Psychoanalytic Psychotherapy. Vol. 1/2*. Jason Aronson.
成田善弘（2003）精神療法家の仕事――面接と面接者．金剛出版．
Sandler, J., Dare, C., & Holder, A. (1973) *The Patient and the Analyst : The Basis of the Psychoanalytic Process*. George Allen & Unwin.（前田重治監訳（1980）患者と分析者――精神分析臨床の基礎．誠信書房．）
佐野直哉（2003）精神分析的心理療法における面接中断から見えてくること――その機序と力動をめぐって．日本心理臨床学会第22回大会発表論文集，29．
佐野直哉（2004）精神分析的心理療法の終結における治療者の悲哀と感謝――《patient as therapist》としてのクライエント．日本心理臨床学会第23回大会発表論文集，61．
佐野直哉，北村晃一，田中美砂子，高橋芳，紅林洋子（2004）精神分析的心理療法の中断に関する研究（1）――中断の分類：問題提起と本研究の視点．明治学院大学心理臨床センター研究紀要，2；21-36．
Winnicott, D. W. (1958a) Aggression in Relation to Emotional Development. In : *Collected Papers : Through Paediatrics to Psycho-Analysis*. Tavistock Publications.（妙木浩之訳（1990）情緒発達の関連でみた攻撃性（1950-55）．In：北山修監訳：ウィニコット臨床論文集Ⅱ――児童分析から精神分析へ．岩崎学術出版社，pp. 69-91．）
Winnicott, D. W. (1958b) Transitional Objects and Transitional Phenomena. In : *Collected Papers : Through Paediatrics to Psycho-Analysis*. Tavistock Publications.（北山修訳（1990）移行対象と移行現象（1951）．In：北山修監訳：ウィニコット臨床論文集Ⅱ――児童分析から精神分析へ．岩崎学術出版社，pp. 105-126．）
Winnicott, D. W. (1971) The Use of an Object and Relating through Identifications. In : *Playing and Reality*. Tavistock Publications.（橋本雅雄訳（1979）対象の使用と同一視を通して関係すること．In：遊ぶことと現実．岩崎学術出版社，pp. 121-134．）

●4節

Garfield, S. L. (1980) *Psychotherapy : An Eclectic Approach*. Wiley.（高橋雅春，高橋依子共訳（1985）心理療法――

統合的アプローチ．ナカニシヤ出版．)
真栄城輝明，高橋美保，高橋徹（2003）内観療法研究の間主観的方法論（2）―面接者の視点から．内観医学，5；43-52．
真栄城輝明（2004）心理療法からみた「内観」の検討．内観研究，10；35-41．
真栄城輝明（2005）心理療法としての内観．朱鷺書房．
高橋美保，高橋徹，真栄城輝明（2002）内観療法研究の間主観的方法論（1）―内観者の視点から．内観医学，4；47-61．
上地安昭（1984）時間制限心理療法の理論と実際．金剛出版．
吉本伊信（1983）内観への招待．朱鷺書房．

● 5 節
DeJong, P. & Berg, I. K.（1988）*Interviewing for Solution*. Books/Cole.（玉真慎子，住谷祐子監訳（1998）解決のための面接技法―ソリューション・フォーカスとアプローチの手引き．金剛出版．）
宮田敬一編（1994）ブリーフセラピー入門．金剛出版，p. 13．
宮田敬一編（1997）解決志向ブリーフセラピーの実際．金剛出版．
村上雅彦（2003）短期精神療法における治療期間の決め方．こころの科学，110；63-68．
白木浩二（1994）ブリーフセラピーの今日的意義　In：宮田敬一編：ブリーフセラピー入門．金剛出版，pp.28-29．

―― II 部 ――

●事例 1
丹治光浩（2002）失敗から学ぶ心理臨床．星和書店．

●事例10
村瀬嘉代子（1995）子どもと大人の心の架け橋．金剛出版．

●事例13
小倉清（1996）子どものこころ―その成り立ちをたどる．慶応義塾大学出版会．

●事例14
神田橋條治（1988）青年期治療の基本問題．In：発想の航跡．岩崎学術出版，pp. 229-239．

●事例17
河合隼雄（1993）中年クライシス．朝日新聞社．

●事例19
河合隼雄（1986）宗教と科学の接点．岩波書店．
真栄城輝明（2005）心理療法としての内観．朱鷺書房．
村瀬孝雄（1997）内観　理論と文化関連性．誠信書房．

●事例20
Haley, J.（1976）*Problem-solving Therapy*. Jossey-Bass.（佐藤悦子訳（1985）家族療法，川島書店，p. 9）

執筆者一覧 （執筆順）

丹治　光浩	花園大学	第1章1節，事例1，編者	
三和　啓二	臨床心理士	第1章2節，第2章4節，事例2，事例9	
寺沢英理子	ルーテル学院大学	第1章3節，事例3	
西川　尚子	関東中央病院	第1章4節，事例4	
遠藤　裕乃	兵庫教育大学	第1章5節，事例5	
阿部　　昇	学校臨床心理士	第2章1節，事例6	
浅海　敬子	東邦大学医学部附属佐倉病院	第2章2節，事例7	
高橋　朋子	同志社大学	第2章3節，事例8	
塩崎　尚美	相模女子大学	第2章5節，事例10	
白井　博美	聖隷クリストファー大学	第2章6節，事例11	
川瀬　正裕	金城学院大学	第3章1節，事例12	
鈴木　伸子	常葉学園大学	第3章2節，事例13	
渡部　未沙	明治学院大学	第3章3節，事例14	
築地　典絵	羽衣国際大学	第3章4節，事例15	
岩崎　久志	神戸流通科学大学	第4章1節，事例16	
亀井　敏彦	はこ心理教育研究所	第4章2節，事例17	
北村　晃一	可知病院	第4章3節，事例18	
真栄城輝明	大和内観研修所	第4章4節，事例19	
村上　雅彦	広島ファミリールーム	第4章5節，事例20	
鶴田　一郎	広島国際大学	第4章6節，事例21	

〔編著者紹介〕
丹治光浩（たんじ・みつひろ）
1956年　兵庫県生まれ
1989年　浜松医科大学終了
現　在　花園大学社会福祉学部教授（臨床心理士，医学博士）
主　著　『医療カウンセリング』（共著）　1991年　日本文化科学社
　　　　『自分さがしの心理学』（共著）　1993年　ナカニシヤ出版
　　　　『こころのワーク21』（単著）　1995年　ナカニシヤ出版
　　　　『臨床心理学』（単著）　1997年　近畿大学豊岡短期大学
　　　　『心理学ああだ，こうだ』（編著）　1997年　法研
　　　　『失敗から学ぶ心理臨床』（編著）　2002年　星和書店
　　　　『心理臨床の本音を語る』（編著）　2002年　ナカニシヤ出版
　　　　『心理臨床実践における連携のコツ』（共著）　2004年　星和書店
　　　　『養護内容』〈シリーズ保育ライブラリ〉　（共著）2004年　北大路書房

心理療法を終えるとき
――終結をめぐる21のヒントと事例――

2005年8月1日　初版第1刷印刷	定価はカバーに表示
2005年8月10日　初版第1刷発行	してあります。

編　著　者　　丹　治　光　浩
発　行　者　　小　森　公　明
発　行　所　　㈱北大路書房
〒603-8303 京都市北区紫野十二坊町12-8
電　話　(075) 431-0361㈹
FAX　(075) 431-9393
振　替　01050-4-2083

ⓒ2005　印刷／製本　㈱シナノ
検印省略　落丁・乱丁本はお取り替えいたします

ISBN 4-7628-2457-7　　Printed in Japan